guide

导读
萨特

Jean-Paul Sartre

克里斯汀·达伊格尔（Christine Daigle）著

傅俊宁 译

重庆大学出版社

目　录

我们今天
为什么需要导读书?

这批来自"劳特利奇批判思想家"(Routledge Critical Thinkers)系列的小书,构成了"思想家和思想导读"丛书的基石。早在丛书策划之初,我们就在豆瓣那个"藏龙卧虎"之地结识了一群志同道合的朋友。我们之间的对话从一个提问开始——"我们今天为什么需要导读书?"

> 我们今天对西学的译介,依然有一些是盲目跟进式的译介,而缺乏系统、深入的相关性研究。[1]

面对有识之士发出的这句尖锐批评,我们试图借助这一发问所引发的一系列思考,探寻专业性导读对于中国学界,特别是初入门者,意味着什么。呈现在我们面前的这套译作,是加入这次"探寻之旅"的朋友们,用他们的精彩译笔所作的回应。然而,在文本之外,一些智慧之果还散落在他们的言说之中,需要显现。

---

1 王晓路.序论:词语背后的思想轨迹[M]// 王晓路,等.文化批评关键词研究.北京:北京大学出版社,2007:5.

豆瓣 id:フ

"地图书"（将导读书视为探索思想的地图。）这个说法很不错，和弗雷德里克·詹姆逊（Fredric Jameson）的认知地图（cognitive mapping）有异曲同工之妙。

如果让我来定位入门书的意义的话，我会借用詹姆逊提出的另一个概念，即消逝的中介（vanishing mediator）。在一个辩证扬弃的过程中，一个"消逝的中介"发挥这样的作用：它施力于前一个状态从而引导出后一个状态，这个过程完成的同时它即消逝。

如果把入门书比作一个"消逝的中介"的话，它不怕当初的读者回过头来觉得它有种种缺陷和不足，因为这恰恰是它所想要达成的。如果一套入门书能发挥这样一个作用，我觉得它的编撰者就应该没有遗憾了。

豆瓣 id:剧旁

（李三达，湖南大学文学院讲师）

目前，很多中国学生读书进入了误区，就是认为读原典才是正道，解读的书一概不读，生怕这些人家咀嚼过的内容会影响他们对原典的认知。这真是再荒谬不过了，而我导师一再强调要规避这种误区，不要总摆出一副不世奇才的心态，别人苦心经营的研究成果只能是明灯，与原典相辅相成，待到你学力足够方知深浅和漏洞，彼时再别出心裁不迟。我深以为然。

豆瓣 id:坏卡超

二手文献或导读性文献确实很有必要。并且也应该重视英语世界的二手文献。尽管英语世界不是欧陆哲学的发源地，但英语作者一般都会比较注重用清晰易懂的语言来解释深邃的道理。

豆瓣 id：近视眼女郎

(路程，上海外国语大学文学研究院助理研究员，《导读阿多诺》译者)

我个人以为，无论从学术还是知识普及的角度来说，系统引进导读类的书都是多多益善的。当我想了解某位思想家，首先会做的，也是去寻找一些靠谱的导读书来看。

豆瓣 id：年方十八发如雪

国内许多入门级、导论级著作，往往都是引了过多的原文，而非对文本本身的解读。换言之，本来是要作者来解释文本，结果成了作者从原著中摘了几句话，让读者自行领会。或者直接就是由作者的一些论文拼凑出来。这样的后果自然是让初学者一头雾水，完全起不到导论的功能。

相比而言，Critical Thinkers 这套书的一个优点就是由作者带领读者读文本，其次就是每本书后面的文献相对来说都比较齐全，有助于进一步的研究，最后是该系列的很多思想家都是国内很少涉及的，比如阿甘本等，引进来也有开拓作用。总之，老少咸宜。

豆瓣 id：Igitur

(于长恺，爱好阅读法国当代哲学书籍)

毕竟从原著开始着手，需要忍受其本身的拧巴语言风格，西式的语法结构，不同的文化背景、语境。能够有可靠、系统的介绍文本为后续的阅读指引道路，可以节省许多绕弯路的时间，减少初学者的挫折感，增强学习兴趣。

豆瓣 id：H.弗

(卢毅，复旦大学哲学学院)

这些著作就成了维特根斯坦所说的"梯子"，特别是初学者在很大程度上需要借助它们来对某位思想家基本的思想观点先有个大致的把握和了解,这样,一方面可以帮助人们铺平一些道路、消除一些畏难心理,另一方面可以作为一个引子更好地激发起人们的学习兴趣而不只是无助感与挫败感。

豆瓣 id:Gawiel

(马景超,美国维拉诺瓦大学[Villanova University]哲学系博士在读,《导读波伏瓦》译者)

我以前在国内读书的时候,也经常感到这样的不便,尽管黑格尔、康德和海德格尔等寥寥几位有一些不错的入手读物,但是大部分人还是缺乏类似的读物来引荐。我也非常希望能够通过"地图书"来改变大家的读法,否则,对于很多学科和很多学者都只是停留在泛泛了解一点的程度上,很难进行有建设性的学术研究。比如,人人都知道福柯谈"权力",然而什么是权力,则需要深入阅读福柯的几本作品,并且能够将不同作品里面的理念联系起来,才能有所了解,否则只是在用我们日常语言中的"权力"去套用福柯的牙慧。如果没有导读性质的作品,读者(尤其是本来就没有精读压力的人)就很容易停留在套用牙慧这个地方,而对于真正有意思的书望而却步。

还有像巴特勒(Butler)这样的作家,作品中有一些话看上去很有力("性别是一种操演"),但是理解前后文就需要知识背景("主体由操演建构")了。那么,如果没有导读类的书,一般读者很容易就理解为:一个人可以自由决定自己扮演男性还是女性,而这恰恰是巴特勒(作为反人文主义[anti-humanism]传统的继承)最不可能持有的观点,她想说的恰恰是自我的形成过程中,性别作为一种操演已经参与了这一形成,因此没有性别之外、语言之外的"无性别"、"前性别"的主体。

这些都是我常见到的误解，我觉得也许导读类书的引介可以改变这种"好读书不求甚解"的现状，尤其是对于并非哲学专业，但是需要运用到哲学理论的人，导读类的书更可以起到介绍理论背景和避免断章取义的作用。

豆瓣 id：迷迭香

（李素军，中国社会科学院文学所博士研究生）

作为一个理论专业的学生，我深知直接读原著的个中艰辛。理论难读的原因之一是翻译，抛却误译等人为因素，西方思想转换到中文语境里所带来的语言的晦涩也是一个很大的问题；其二，每个思想家都有自己的理论语境，他在继承什么，反对什么都不是短时间内可以看明白的，换言之，我们得摸清楚他的理论轨迹。

豆瓣 id：霍拉旭的复仇

（汪海，中国人民大学文学院讲师）

从学生过来的我，也经历过一个阶段，听到很多老师强调直接阅读原典，生怕受二手资料的影响。但实际上，若没有一个导读的阶段做宏观把握，直接读原典的结果就是不知所云，看了就忘。

我个人从来不相信"白板说"，以为学生在不读二手书之前是纯洁的、不受污染的、具有反思力的"白板"。没有大量的阅读，根本培养不出反思力，导读是必需的，最好是有多重不同看法和角度的导读。

极其要不得的是对原典的态度——面对"名著"没有一颗平常心：或者极其功利地想要推翻它，从而证明自己的高明；或者直接拜倒，因为它是"典"，是权威。好的读书方法就是培养好的民主政治素质,要学会听不同的意见,"名著"之所以是名著,不是因为它是"典",是权威(虽然它有权威性),而在于它是一个伟大的空间,容得下太多的探讨、太多的声音,不断激发更多的思考、更多的创造,所以才有那么多人前赴后继地走进来。

导读不妨把它看作是一个邀请、一个好客的举动,带我们进入原著的空间,而不是助教,不是训导,不是"原著"这个白胡子老头打算教训弟子之前的开场白或者清清嗓子。

导读也是前人外出探险之后留下来的攻略,不可能事事准确、面面俱到,它邀请你历险,最后写出自己的攻略。

前面说过,我不相信白板——没有单纯的读者。没有导读的读者,他会用从前未经反思的有限阅读经验当导读。如果他自以为此前完全没有受过二手思想的影响,他反而缺乏对自我的反省和批判。

丛书编者前言[1]

本丛书提供对影响文学研究和人文学科的主要批判思想家的介绍。当在研究中遇到一个新的名字或概念时,本丛书中的某本可以成为你阅读的首选著作。

丛书收录的每一本著作都将通过解释一位重要思想家的核心观念,把这些观念置入语境并且——也许,最重要的是——向你展示为什么这位思想家被认为是重要的,来帮助你进入她或他的原始文本。这是一套不需要专门知识的简明、清晰的导读系列。尽管聚焦于特定的人物,本丛书也强调,没有一位批判思想家是在真空中存在的。相反,这样的思想家是从更广泛的智识的、文化的和社会的历史中出现的。最后,这些著作将在你和思想家之间搭建一座桥梁:不是取代原文,而是补充她或他的作品。

编写和出版这些著作是非常必要的。在 1997 年出版的自传《无题》(*Not Entitled*)中,文学批评家弗兰克·克默德(Frank Kermode)描写了发生在 20 世纪 60 年代的这样一段时间:

1　本前言由王立秋(豆瓣 id:Levis)翻译。——编者注

> 在美丽的夏日草地上,年轻人整夜地躺在一起,从白天的劳顿中恢复过来,聆听着巴厘音乐家的巡回演出。在毛毯和睡袋下,他们懒洋洋地谈论着当时的大师们……他们重复的大多是传闻;因此我在午休时,非常即兴地提议,做一套简短、廉价的丛书,提供对这些人物的权威而易懂的导读。

对"权威而易懂的导读"的需要依然存在。但本丛书反映的却是一个不同于20世纪60年代的世界。随着新的研究的发展,新的思想家出现了,而其他思想家的声誉则盛衰不一。新的方法论和挑战性的观念在艺术和人文学科中传播开来。文学研究不再——倘若它从前如此的话——仅仅是对诗歌、小说和戏剧的研究与评价。它也是对在一切文学文本和对这些文本的阐释中出现的观念、问题和疑难的研究。别的艺术和人文学科也发生了类似的变化。

新的问题也随之出现。在人文学科的这些剧变背后的观念和问题,经常被不以更广泛的语境为参照地呈现出来,或被呈现为你可以简单地"加"在你阅读的文本上的理论。当然,有选择地挑出某些观念,或使用手头现成的东西并没有什么错,而且确实有一些思想家认为事实上我们能做的就是这些。然而,有时人们会忘记,每一个新观念都是出自于某个人的思想的底样及其发展,而研究他们的观念的范围和语境是重要的。与"浮于空中的"理论相反,本丛书贯之始终的是把这些重要思想家和他们的观念放回它们原本的语境中去。

不仅如此,本丛书收录的著作还反映了回归思想家自己的文本和观念的需要。一切对某个观念的阐释,甚至是看起来最为单纯的阐释,也会或隐或现地给出它自己的"有倾向性的陈述(spin)"。只阅读论述某位思想家的著作,而不读该位思想家的文

本,就是不给你自己做决定的机会。有时,使一位重要人物的作品
难以进入的,与其说是它的风格或内容,不如说是(读者)不知道从
哪里开始的那种感觉。本丛书的目的,就是通过为这些思想家的
观念和著作提供一个容易理解的概述,通过引导你从每位思想家
自己的文本开始进行进一步的阅读,来给你一个"入口"。用哲学
家路德维希·维特根斯坦(1889—1951)的比喻来说,这些书是梯
子,是在你爬到下一层楼后要扔掉的东西。因此,它们不仅帮助你
进入新的观念,也会通过把你领回理论家自己的文本,并鼓励你发
展你自己的有依据的意见,来给你力量。

最后,这些书之所以是必要的,是因为,就像智识的需要已经
发生变化那样,全世界的教育系统——通常导读就是在这个语境
中被阅读的——也发生了根本的变化。适合20世纪60年代的精
英型高等教育系统的东西,不再适合21世纪更大、更广、更多样的
高科技教育系统了。这些变化不仅要求新的、与时俱进的导读,也
要求新的介绍方法。本丛书的介绍方式,就是着眼于今天的学生
而发展出来的。

丛书收录的每本书都有类似的结构。它们一开始的部分,都
提供对每位思想家的生平和观念的概述,并解释为什么她或他重
要。每本书的核心部分,都讨论了该思想家的核心观念,这些观念
的语境、演化和接受(情况)。每本书也都以对该思想家之影响的
审视——概述他们的观念如何被其他思想家接纳和阐发——作
结。此外,每本书的书末,都附有一个建议和描述进阶阅读书目的
部分。这不是一个"附加的"内容,而是全书不可或缺的组成。在
这个部分的第一部分,你会发现对书中所涉及思想家的核心著作
的简述;此后,是关于最有用的批评著作的信息,有时候也有一些
相关网站。这个部分将引导你的阅读,使你能够跟随你的兴趣并
发展出你自己的计划。丛书中的注释是按所谓的哈佛系统(在文

本中给出作者的姓名和参引著作的出版日期,你可以在书后的参考文献中查到完整的信息)给出的。这种注释方式在极小的空间中提供了大量的信息。丛书也会对技术性术语加以解释,并用方框插入对一些事件或观念的更加细节性的描述。有时,方框也用于强调一些该思想家惯用或新创的术语的定义。这样,方框在某种程度上也起到了术语表的作用,在快速浏览全书时很容易找到它们。

丛书收入的思想家是"批判的",出于三个原因。首先,我们按照涉及批评的主题来考察他们:主要是文学研究或者说英语和文化研究,但也涉及其他依靠对书本、观念、理论和未受质疑的假设进行批判的学科。其次,他们是"批判的",因为研究他们的作品将为你提供一个"工具箱",这个"工具箱"将服务于你自己的有理据的批判的阅读和思考,而这一阅读和思考,将使你成为"批判的"。再次,这些思想家之所以是批判的,因为他们至关重要:他们与观念和问题打交道,这些东西能够颠覆我们对世界、对文本、对那些想当然地接受的一切的常规理解,给我们对我们已经知道的东西一种更加深刻的理解,给我们新的观念。

没有导读能告诉你一切。然而,通过提供一条进入批判思考的道路,本丛书希望让你开始参与这样一种生产性的、建设性的、可能改变你一生的活动。

致　谢

　　我要感谢我的伴侣,艾瑞克·吉尼亚克(Eric Gignac),当我投入诸如此类的长期研究计划时他的理解是至关重要的。谢谢你一直以来的支持。我还要谢谢这个书系的编辑罗伯特·伊格尔斯顿(Robert Eaglestone)博士的帮助和鼓励。我还要感谢劳特利奇出版社的詹姆斯·班尼菲尔德(James Benefield)和波利·多德森(Polly Dodson)。最后一个致谢献给我在写作本书时的研究助手克里斯多费·R.伍德(Christopher R. Wood)。他对萨特的激情,对材料的了解以及对整个研究的热情与他优质且勤奋的工作一样宝贵。这本书几乎也可以说是他的。

书名缩写

A-SJ   《反犹者和犹太人》(*Anti-Semite and Jew*)

BN   《存在与虚无》(*Being and Nothingness*)

Carnets   《奇怪战争的记事本》(*Carnets de la drôle de guerre*)

Condemned   《阿托那的审判》(*The Condemned of Altona*)

Devil   《魔鬼与上帝》(*The Devil and the Good Lord*)

Écrits   《让-保罗·萨特写作集》(*Les Écrits de Jean-Paul Sartre*)

EH   《存在主义是一种人道主义》(*Existentialism is a Humanism*)

Flies   《苍蝇》(*The Flies*)

Iron   《灵魂中的铁》(*Iron in the Soul*)

Itinerary   《一种思想的旅程》("*Itinerary of a Thought*")

N   《恶心》(*Nausea*)

No Exit   《禁闭》(*No Exit*)

Notebooks   《伦理学笔记》(*Notebooks for an Ethics*)

Présentation   《关于〈现代〉的演讲》("*Présentation des Temps modernes*")

SM   《寻求一种方法》(*Search for a Method*)

TE   《自我的超越性》(*Transcendence of the Ego*)

Théatre   《情境戏剧》(*Un Théatre de situations*)

WD   《战时日记》(*War Diaries*)

WL   《什么是文学?》(*What is Literature?*)

Words   《语词》(*Words*)

为什么是萨特？

> 一个完整的人，由所有人所造就，是他们的价值总和，而他们中的每一个人也和他一样有价值。（《语词》）

这是萨特自传的结尾词，不过萨特肯定不是一般人。他是 20 世纪哲学和文学运动中的一个关键人物，作为存在主义哲学领军人物的萨特，给他的同代人和下一代人带来了复杂的、充满新思想的著述。萨特写作这些作品的目的是想要取代从过去继承过来的宗教话语和理性主义哲学。通过宣称人从根本上是自由的，而且人通过筹划（projects）来造就自己，萨特提出了一种以绝对自由和选择这些概念为中心的哲学。在赋予个人以能动性的同时，这一哲学也对个人在私人和公共领域的介入（engagement）有很高的要求。萨特自己就是一个在政治方面非常投入的人：存在主义不是一种象牙塔里的哲学；它是为处于真实世界（real world）中的真实个人（actual individuals）所作的哲学。

　　萨特的思想在很大程度上改变了哲学和文学的面貌,并且赋予了知识分子一种全新而重要的角色。他的思想在很多方面都产生了重要的影响;其成为了 20 世纪哲学发展的关键。他的著述可以说代表了对作为一种哲学运动的存在主义的理论化的巅峰——作为存在主义的主要代表,萨特同时也是这一运动的最后一位主将。他的意识哲学,告别了关于理性主体的哲学,为在他之后的诸如解构主义、结构主义和后结构主义之类的哲学和文学运动的到来开辟了道路。可以很令人信服地说,如果没有萨特的关键著作《存在与虚无》,这些运动不会以我们所看到的现状存在。

萨特的背景

　　萨特于 1905 年 6 月 21 日在巴黎出生。他的父亲让-巴蒂斯特(Jean-Baptiste)在他 15 个月大的时候就逝世了。他守寡的年轻母亲,安娜-玛利亚(Anne-Marie),回到了她父母家。她的父母查理斯(Charles)和露易丝·施韦泽(Louise Schweitzer)与著名的传教士以及人道主义者阿尔伯特·施韦泽(Albert Schweitzer)有亲缘关系。萨特的祖父查理斯(在萨特的自传《语词》中被称作卡尔[Karl])是一位德语教师和著名的教育家。“Poulou”——萨特儿时在施韦泽家中的昵称——因此是在一个资产阶级和知识分子家庭氛围中长大的。年幼的萨特被家里所有人喜爱,他很小就接受祖父的启蒙教导,并以经常埋首于满是书籍的书房而知名。他从小就沉浸在由伟大的文学经典所构成的世界中。

被文学吸引的萨特

在他年幼时，萨特生活在祖父家中，被书籍环抱，他对文学的渴望也因此得以满足。他也被漫画书吸引，他是尼克·卡特（Nick Carter）侦探故事的发烧友。他会在和母亲去公园和去电影院时购买自己喜爱的系列。他试图对作为一个大家长和绝对权威的祖父隐瞒这些"罪恶的快感"。祖父并不赞同他沉溺于诸如此类的廉价的娱乐中。

萨特在很小的时候就对文学产生了兴趣；他的文学天赋已是含苞待放。他所处的环境肯定对这一天赋的发芽起到了作用。在他的自传中，他回忆了自己是怎么自然地从阅读中成长为一个作家并开始创作自己的作品的。一开始他在写作中模仿了一些故事，接着就尝试写一些短篇故事以及木偶戏的剧本。他的母亲非常支持这位小作家，会整洁地抄写他的作品并且公开地阅读它们。

萨特自传的标题"语词"（Les Mots, Words）清晰地说明萨特认为自己是被语词和文学所占有的。萨特是这样说的："我开始我人生的方式将毫无疑问和我结束它的方式一样：被书籍环抱"（Words 30）。

作为一个青少年，萨特在拉罗舍尔（La Rochelle）度过了几年的困难生活，在他母亲再婚后，他于1920年回到了巴黎，在亨利四世中学做寄宿生。在那里他和保罗·尼赞成为了好朋友，他们在7年间关系非常亲密。学校的同学甚至称他们为"尼特和萨赞"。在1924年萨特进入了巴黎高师求学。

对萨特来说这是一段快乐了许多的岁月，因为他在智识和个性方面发展成型，并且不但和尼赞，还和雷蒙·阿隆（1905—1983）以及西蒙娜·德·波伏瓦（1908—1986）发展了重要的友谊。

巴黎高师

　　位于巴黎乌姆路(rue d'Ulm)的巴黎高师于1794年成立。对想要获得大学学位的人来说,其一直是一个非常有声望的学术机构,只有顺利通过一个难度极高的入学考试的人才能入读高师。很多重要的名人都曾就读于高师:化学和生物学家路易·巴斯德(Louis Pasteur, 1822—1895),哲学家亨利·柏格森(Henri Bergson, 1859—1941),社会学家埃米尔·涂尔干(Émile Durkheim, 1858—1917),雷蒙·阿隆,哲学家莫里斯·梅洛-庞蒂(1908—1961),政治上积极介入的作家艾梅·赛泽尔(Aimé Césaire, 1913—2008),哲学家西蒙娜·薇依(Simone Weil, 1909—1943),哲学家米歇尔·福柯(1926—1984),社会学家皮埃尔·布迪厄(Pierre Bourdieu, 1930—2002),哲学家雅克·德里达(1930—2004),当然还有让-保罗·萨特。

　　最开始巴黎高师由两部分组成,在乌姆路的是男校,还有一个是女校。直到1985年这两个机构才合并。

4　　波伏瓦是于1929年在准备教师资格考试的时候遇到同在备考的萨特的。后来她成为了萨特一生的伴侣。他俩并没有结婚,甚至也没有住在一起,一直保持着一段他们称为"开放的关系"的关系。萨特向她建议说,他们之间的爱情是注定的,但是他们仍然可以享受一些"偶发的爱情",而事实上他们正是这样做的。尽管他们自由地和别人发展关系,两人从来没有考虑过和对方分离。如果可能的话他们每天都会和对方共度一段时光;如果不能碰面的话,他们就会给对方写长长的信。波伏瓦认为萨特就是她一直在寻找的另一个自己。萨特的许多作品的题词都是"献给海狸"。海狸是波伏瓦的昵称,她的朋友勒内·马厄(René Maheu)认为海狸的英文发音不但和波伏瓦的法语名相像，而且很能代表波伏瓦富有创造性的个性，因此给她取了这一昵称。不用说，和"海狸"的相遇影响了萨特的一生。

萨特不但认为波伏瓦与自己在智性上相当，而且常常称她其实更胜自己一筹。他经常评价说波伏瓦比自己更聪明，当他写作了一篇哲学或文学作品时，他总是向波伏瓦寻求批判和建议。而波伏瓦在写作完成后也总是与萨特交流。他们是彼此的第一个读者，总向对方提出尖锐的批判。他们教师资格考试的结果可以很好地证明两人在智性上是有多么的接近。萨特在他1928年第一次考试时失败了，因为他的答案太具有原创性了。当他在1929年再次考试的时候，他获得了第一名而波伏瓦获得了第二名，而考官们其实犹豫和考虑了很久：他们觉得在两人中波伏瓦才是哲学思维更严谨的那一个。

在通过考试之后，萨特成为了一个小镇上的中学教师。后来他于"二战"时被征召入伍，在一个气象站服役。连战斗都没有见过的萨特在1940年成为了一个战时囚犯。他于1941年被释放回到了巴黎。回到巴黎的萨特有了加入抗战运动（Résistance）的坚定信念。

抗战运动

在1940至1941年间，在处于被德军占领的早期阶段的法国，人们发起了很多地下组织进行抗战。一些逃亡到伦敦的法国人通过BBC向自己的同胞广播信息（用"这里是伦敦！法国人向法国人说话"开始他们的广播）。这些抗战组织进行了一系列的活动：有一些人在巴黎发起了暴力攻击，炸毁了铁轨来干扰德军运输；而另一些人则专注于为盟军提供信息。在1944年，他们为盟军登陆诺曼底提供了支持，并帮助准备和发起了巴黎1944年的叛乱。

　　这场战争把一个非政治的、无政府主义的和平主义者萨特转变成了一个认为介入是必要的人。在一系列直接介入抗战运动的尝试失败以后(见第7章),萨特决定专注于写作。从那时起,他开始了一个巴黎知识分子的生活:在咖啡馆写作,与同时代的其他知识分子和艺术家讨论。萨特经常出现在圣日耳曼大道上的花神咖啡馆或者双叟咖啡馆,这两个咖啡馆在那时常常是知识分子和艺术家们的流连之地,这些人包括了艺术家帕布洛·毕加索(Pablo Picasso, 1881—1973),鲍里斯·维昂(1920—1959),阿尔贝托·贾科梅蒂(Alberto Giacometti, 1901—1966),萨尔瓦多·达利(Salvador Dalí,1904—1989),以及哲学家和作家西蒙娜·德·波伏瓦,莫里斯·梅洛-庞蒂和阿尔伯特·加缪(1913—1960)。

　　在1945年,存在主义是一个非常流行的词汇。作为这一运动的主要代表,萨特被推到了公众的注视之下。他参加会议、发表文章并且接受采访。萨特和波伏瓦是这一无比流行却常常被误解的运动的两个主要人物。萨特于1945年10月29日在"时代俱乐部"的公开会议上成就了存在主义和他自己的盛名。

鲍里斯·维昂对"存在主义是一种人道主义"的荒唐描述

　　在他的小说《岁月的泡沫》(*Foam of the Daze*, 1947)中,鲍里斯·维昂,萨特的一位朋友,用一种荒唐幽默的口吻虚构地再现了在"时代俱乐部"举行的那一次著名的会议。小说的主人公希克(Chick),是让-萨尔·帕特(Jean-Sol Partre)的狂热粉丝,他尽其所能去收集一切和帕特有关的东西,比如后者用餐后的残留物,或者他穿旧的衣物。他试图顶替一位在帕特即将发表重要演讲的剧院工作的朋友的职位。不耐烦的群众使用了各种各样的策略想进入会议间,比如仿照邀请函,爬下水管道,或通过灵车进入(被警察所刺出的钢刺给钉住了)或使用降落伞。当等等会议开始的人群变得越来越不耐烦的时候,帕特到了:

但是，让-萨尔正向目的地走来。远远就可以听到街上传来的大象的吼叫，希克从厢房的窗户里探出身子去看。远远可以看到在装甲象轿里的让-萨尔的廓影，象轿下的象背粗糙而带有皱纹，在燃起的灯火下看上去有些奇怪。象轿的每个角都有一个装备了战斧的、随时准备行动的狙击手。大象迈着大步从人群里走过，四根柱子缓慢地走过被踩碎的身体，所发出的沉闷的踩踏声越来越近。走到大门前时，大象匍匐下来，狙击手们也从象轿上下来。伴随着他的优雅一跃，帕特跳到了狙击手的保护圈中。狙击手们以斧开路，这一拨人走向了演讲台。

(*Foam of the Daze* 90-1)

会议在这一浮夸而戏剧性的入场后开始。整个人群都疯狂了。"很多女性观众因为子宫内的兴奋而昏厥"(*Foam of the Daze* 91)。接下来的一切变得更荒唐和混乱，帕特展示了呕吐物(对萨特的小说《恶心》的直接指涉)，而天花板因为承受不了爬进来听会议的"无畏的仰慕者"的重量而掉落下来。帕特大笑、吞咽进灰尘、窒息，"整个房间的喧嚣到达了一个顶点(*Foam of the Daze* 95)。"希克邀请萨特从后门离开。

尽管维昂的描述是荒唐的并且明显对事件进行了夸大，却传达出了在"二战"结束后以及在这一特殊的会议时，萨特的哲学和文学是受到了何等程度的热情接受。

　　在那时萨特是一位知名的小说家、戏剧家以及哲学家,他同时也是一本新杂志《现代》的负责人。他一直被公众关注,发表大量的文章,并继续小说、戏剧和哲学的写作。他越来越多地参与到政治讨论和批判中去。他有向社会主义倾斜的政治态度,并且有时和法国共产党走得很近,但他从来没有成为法共的一员,而是更倾向于保持独立以及成为法共的一个"同路人"。因为他的盛名,萨特经常被请求去支持社会运动。他也常常如此做,比如直接参与到游行和抗议中去。有很多照片记录了萨特和波伏瓦是如何积极地参与到公共示威游行中的。最有名的可能是拍摄于 1970 年巴黎郊区比扬古(Billancourt)的那一张照片,萨特当时正站在热那德工厂的一个油桶上向工人演讲,从而实现了自己作为介入的知识分子直接与人民对话的立场。

　　萨特在国内外都是一个公众人物。他周游了世界很多地方,并会见了许多重要的领导人。他对共产主义感兴趣,并被其吸引,因此他访问了苏联、东方集团(Eastern bloc)以及中国。他见到了古巴的革命家和新上任的领导人菲德尔·卡斯特罗和切·格瓦拉,苏联的领导人尼基塔·赫鲁晓夫,南斯拉夫的领导人铁托将军以及中国的领导人毛泽东。他参与了所有的政治讨论和政治斗争。比如他积极地支持了前法国殖民地阿尔及利亚的独立运动。他的这一支持引发了法国内部许多反对的声音,以及许多反对他的活动。然而,当被问及萨特参与独立运动的情况以及他是否应该被关入监狱时,当时法国的总统查尔斯·戴高乐将军反对道:"没有人会囚禁伏尔泰!"萨特对阿尔及利亚战争的立场引发了很多激烈的回应,甚至于连他的公寓也于 1961 年被炸。直到他的生命尽头,萨特一直在用写作和政治介入影响着所有人。他对越南战争进行了抗议,他支持了 1968 年 5 月的学生运动,他扶持了

1970年代早期《解放》出版社的成立及其报纸的发行。同时，文学也在召唤他。他一直在写作一部关于居斯塔夫·福楼拜的作品，但由于失明他不得不于1973年停止了这项工作(《家庭白痴》的前三卷于1971年和1972年出版，但是萨特已经完成不了计划中的第四卷了)。尽管他不能再写作了，萨特仍旧使用他的名声来进行公开的政治介入。直到生命的尽头他仍坚持这样做，当他又病又盲的时候，他还在1979年6月与雷蒙·阿隆一起为越南难民寻求法国总统的支持。在1980年4月15日，萨特逝世，享年74岁。在他入葬的那天，庞大的人群(估计有五万人)从巴黎的街道出发为他的灵枢送行，队伍一直行进到蒙帕纳斯墓地。这充分说明了萨特在法国人的智性和文化生活中的重要性和地位。

8

作为"总体知识分子"的萨特

萨特不仅是一个哲学家和一个作家；他比这要多得多。对他的作品进行一个快速的总览可以让我们对他智性活动的范围有一个了解。在1936年，他最早的哲学散文出版了：《想象》(*Imagination*)和《自我的超越性》。在后者中，萨特与德国哲学家和现象学家埃德蒙德·胡塞尔(1859—1938)进行了对话，并开始阐述自己关于意识的哲学。在1938年，他的小说《恶心》由伽利玛(Gallimard)出版社出版。这是萨特和伽利玛出版社一生合作的开始，而后者将会出版萨特大部分的作品。在1939年萨特出版了一个短故事的合集《墙》，以及他的《情感理论概述》(*Sketch for a Theory of Emotions*)，并且开始小说《自由之路》的写作。他于1939年9月被征召入伍，但他仍旧持续了自己小说的创作并且开始写作后来成为《存在与虚无》这本书的初稿。该书于1943年发表，而《自由之路》的前两卷于1945年发表。

　　萨特在 1940 年于战时囚犯集中营写作了自己的第一部戏剧,
而当戏剧在圣诞节上演的时候,萨特发现了戏剧所具有的和他人
沟通的强大力量。战后他写了很多戏剧。《苍蝇》于 1943 年上演,
《禁闭》于 1944 年上演,《死无葬身之地》(*Morts sans sépultures*) 于
1946 年上演,《可敬的妓女》(*The Respectful Prostitute*) 于 1946 年上
演,《肮脏的手》(*Dirty Hands*) 于 1948 年上演,《魔鬼与上帝》于
1951 年上演,《热克拉索夫》(*Nekrassov*) 于 1955 年上演,还有于
1959 年上演的《阿托那的审判》。他也改编了两出剧:一出是亚历
山大·杜马斯 (Alexandre Dumas) 的《基恩》(*Kean*),于 1953 年上
演;一出是欧里庇得斯 (Euripides) 的《特洛伊人》(*The Trojans*),于
1965 年上演。戏剧是萨特重新审视自己的哲学思想并且换另一种
方式传达给大众的场合。尽管不是一种教育戏剧 (didactic
theater),萨特的戏剧能让观众思考人的状况以及重要的伦理问题。

9　　　1940 年代是萨特开始为戏剧和电影写作的十年。他对电影的
兴趣并不是后来才发展的;在还是一个小孩的时候他就早已被电
影吸引。在 1943 年,他被制片公司百代聘用写了一些剧本,其中一
些被搬上了银幕。在 1958 年,他同意和美国导演约翰·休斯顿
(John Huston,1906—1987) 合作,由他来写作一个关于奥地利精神
分析师西格蒙德·弗洛伊德(1856—1939)的剧本。萨特写作了两
个版本,但都太长了,不利于休斯顿把它们搬上银幕。最后电影还
是拍成了,但是是基于对萨特剧本大量的改编和删减之上的,因此
萨特要求电影不要提到自己的名字。后来萨特未经删减的剧本得
以出版。

　　在 1940 年代,萨特也开始为报刊和杂志写作关于时事要闻的
文章。他为《现代》杂志写作,也为《战斗》(*Combat*)(由阿尔伯特·
加缪主编)、《费加罗报》(*Le Figaro*),以及其他的一些报刊杂志写

作。一个十卷本的集子《情境种种》(*Situations*)也只不过收集了这一大批文章中的一小部分(这个集子从 1947 年到 1976 年陆续发表)。萨特对世界的各方面都有自己的反思,并在写作中分享了他的观点。哲学著作和文学创作需要这些更即时和更针对现实事件的介入来补充。

　　同时萨特也在继续自己的哲学和文学创作。在 1943 年《存在与虚无》发表以后,他于 1946 年发表了《反犹者和犹太人》以及《存在主义是一种人道主义》这两篇文章。在 1947 年和 1948 年,他一直在着手一部关于伦理观作品的写作,但最后他放弃了这一工作。在1949 年,《自由之路》的第三卷出版了。他为法国戏剧家让·热内的作品写作了序言。这本该是一个简单的序言,最后却变成了一本独立的著作,并于 1952 年发表。这一作品代表了萨特哲学思想的一个新发展。1950 年代的萨特把自己的关注投向了历史、伦理和政治的问题。他修改了自己的一些观点并通过写作自传《语词》重新审视了自己的性格和智性形成的阶段。他的自传于1963 年发表。在 1957 年,他发表了《寻求一种方法》,其中包括了"马克思主义和存在主义"这篇文章,该文于同一年早些时候已经发表在一本波兰杂志上了。当萨特 1960 年发表了自己的第二部哲学巨著《辩证理性批判》时,他把《寻求一种方法》用作了序言。

　　在《辩证理性批判》和《语词》发表之后,在他的各种写作活动中,萨特着手写作的唯一一个主要的作品是对 19 世纪法国小说家居斯塔夫·福楼拜(1821—1880)的研究。这一题为《家庭白痴》的作品于 1971 和 1972 年以三卷的形式发表。在这一连串令人印象深刻的作品之外我们还得加上那些在萨特身后才出版的作品(包括萨特写给波伏瓦以及其他人的信件,由波伏瓦在萨特身后出版;

他的《战时日记》；他关于马拉美的研究，《伦理学笔记》）以及那些已经丢失的作品（比如萨特对尼采的研究，这一作品本来是属于他的伦理学工作计划的，但和其他的一些战时的笔记一样都丢失了）。

从这一对萨特的作品必然不完整的回顾中，我们仍然可以得出他是一个对他可以触及的东西都了如指掌的知识分子这一结论。有天赋同时求知欲旺盛的萨特全身心地投入了写作这一事业。他是一个总体的知识分子，他的活动并不局限于一个领域或者一种风格。他完全地投入到了这一事业当中，并且相信，作为一个作家，他要扮演一个非常重要的社会角色（我们会在第 7 章更具体地讨论这一点）。

智性背景

萨特的思想和写作是从一个特定的智性背景中产生出来的。更具体地说，他的哲学深嵌于由丹麦哲学家索伦·克尔凯郭尔（1813—1855）以及德国哲学家弗里德里希·尼采（1844—1900）的著作中发展出来的存在主义思想运动。这两个哲学家对人类个体的关注以及他们新的哲学方法对萨特产生了深远的影响。笛卡尔的理性主义哲学对萨特的影响也很大，不过更多在于萨特对笛卡尔的改进以及拒绝（我们会在之后的章节中讨论这一点）。萨特还研究了荷兰哲学家巴鲁赫·斯宾诺莎（1632—1677），理性主义的德国哲学家伊曼努尔·康德（1724—1804）和黑格尔（1770—1831），以及尼采的著作。这些人的思想都在他的著作中得到了体现，不过经常是作为发展他自己思想的跳板。他们不是作为他的盟友就是作为他观点的对立面出现。

传统理性主义哲学

　　萨特受到的哲学训练属于理性主义这个哲学传统。这一传统扎根于柏拉图的哲学中,就像《理想国》里说的那样,理性主义认为人类首先并且最重要的一点是他们是"理性动物",并且重点强调个人的这一方面。比如,据《理想国》里的一个对话所说,哲学家的理性灵魂轻视身体并且想从身体中逃离出来。另一个理性主义者勒内·笛卡尔(1596—1650)也把身体和心灵区分开来,并强调心灵才是人的特征。对他们来说,身体本质上不过是一件工具。康德和黑格尔,作为理性主义的其他主要代表,也把他们的关注放在了人的心灵。

　　然而,对存在主义思想家来说,关注理性主体的理性主义轻视了激情和身体。他们对个体的看法拒斥了这一理性主义。就像我们接下来会看到的那样,萨特也认识到了理性主义的这一缺陷,他重新审视并且修改了笛卡尔的名言"我思故我在"(详见第 1 章)。

　　在黑格尔以后的德国哲学也为萨特成长为一个存在主义现象学家提供了帮助。就像我们会在第 2 章中看到的那样,萨特最初对自己的意识哲学的发展是基于他对埃德蒙德·胡塞尔著作的研究。德国现象学家马丁·海德格尔(1889—1976)对萨特也特别重要,特别是对他的《存在与虚无》的创作。在他的这一代表作中,黑格尔、胡塞尔以及海德格尔是他经常对话的哲学家。萨特花了很大的功夫来展示他们的观点,以及自己的观点和他们有何不同,从而解决了这些哲学家没有解决的一些问题。当萨特后来转向政治方面的思考后,政治思想家卡尔·马克思(1818—1883)对他的影响是巨大的。我之前已经提过萨特被社会主义吸引。在马克思的著作中,萨特发现了很多元素可以被用来阐释自己关于处于社会世界的人的观点。我们会在第 8 章更详细地讨论这一点。

这即是萨特思想形成的背景。但是他和他同代人的互动对他思想的形成也同样重要。最重要的是他与西蒙娜·德·波伏瓦在思想上的讨论和交流。波伏瓦也是一个存在主义者。她针对伦理学的写作,《皮洛士与齐纳斯》(1944)和《模糊性的道德》(1947),促使萨特重新思考他的一些关于自由的观点(我们会在第 3 章讨论这一点)。她对他性(alterity)以及压迫的理论化(在她的小说《不速之客》[1943]中,不过更明显的是在她的《第二性》[1949]中)和萨特自己发展出的一些观点很相似,而且在某些地方还走在了萨特的前面。可以说两人之间的交流让他们最后达成了一个共同的结论,即人必须意愿(will)自己的自由,并且由吾及人地去意愿他人的自由(详见第 3、5 和 6 章)。

对现象学家莫里斯·梅洛-庞蒂来说,萨特对马克思主义和共产主义的信奉并不足够。两人在高师相遇,不过要等到萨特从战时囚犯集中营中被释放出来后两人才变得亲密起来,一起成立了一个只存活了一段短暂时间的抗战组织"社会主义与自由"。1945 年创办的《现代》杂志是这一组织的后代。梅洛-庞蒂是第一届编委会的成员之一。梅洛-庞蒂对这一杂志所展现出来的多元的政治观点感到非常满意。在那时,比起萨特,他和法共走得更近。不过在 1950 年代初,梅洛-庞蒂写了一篇谴责苏联的劳动营的文章。而萨特在那时因为朝鲜战争的爆发开始和法共走得更近了。两人之间针对法共和苏联的不同立场导致了两人的分歧。他们在哲学上既相近又有不同,各自从胡塞尔的哲学中发展出自己的现象学来;不过还是政治让他们彼此有了分歧。

阿尔伯特·加缪也是萨特的一个重要的对话者,是文学让他们彼此相遇的。加缪为一家阿尔及利亚报纸写作了关于萨特的小说《恶心》以及短篇小说集《墙》的书评。而萨特对于加缪在《局外人》(The Stranger, 1942)中所表现出来的天赋印象深刻。在他们相遇并成为朋友后,加缪请求萨特一起为他所编辑的报纸《战斗》合作。萨特称加缪的戏剧为"情境戏剧"(situational theater),就像自己的戏剧一样。他们在哲学方面也有很多相似的观点。在《西西弗斯的神话》(The Myth of Sisyphus, 也于 1942 年出版)中加缪分析了荒唐这一概念,而这一概念与萨特在他的小说《恶心》中所展现的偶然性这一概念很相似。在政治上,他们也十分亲密,两人为杂志《真诚》(Franchise)有关民主问题的一期所撰写的文章在发表时紧挨着。但是,两人之间其实早有一些意见不合的地方了。加缪于 1951 年发表了他名为《反叛者》(The Rebel)的文章,他在文章中所采纳的立场很明显地和萨特的不一样:加缪提倡的是道德伦理上的革命而不是真正的革命,而萨特因为和共产主义走得越来越近,越来越倾向于真正的革命这一理念。由弗朗西斯·让松(Francis Jeanson)所撰写并发表于《现代》的对加缪文章的书评,标志着萨特和加缪决裂的开始。两人的公开决裂,因为加缪写给《现代》杂志的负责人萨特的信,以及发表在同一本杂志上的萨特对加缪的回应,成为了法国知识界的一个重大事件。的确如此,当时两人可都被视为存在主义文学和戏剧的代表人物。

没有一个思想家可以凭空出世;萨特也不例外。他和这些哲学家的相遇以及他对重要的文学人物的阅读,比如法国小说家司汤达(Stendhal, 1783—1842)、福楼拜、马塞尔·普鲁斯特(Marcel Proust, 1871—1922),以及法国诗人夏尔·波德莱尔(Charles

Baudelaire,1821—1867）和其他一些人,最终塑造了他自己的思想。

关于本书

在这本书中,我会重点讨论我眼中萨特对哲学和文学所作出的最主要贡献:他的存在主义和关于自由的哲学。在《存在主义是一种人道主义》中,萨特解释了存在主义把人的主体性作为其哲学的始发点。因此我们会以审视占据萨特哲学核心地位的关于意识的理论来开始我们对萨特的关键思想的探索。第1章会解释这一关于意识的理论,并展现出萨特的观点和他之前的哲学家截然不同之处。第2章会检视萨特的代表作《存在与虚无》中所勾勒出来的本体论,或者说关于存在的理论。同时我们也会探讨萨特的无神论以及无神论对他的自由哲学的影响。接着我们会检视萨特在他的哲学作品以及他的小说戏剧中所展现的自由这一概念:存在主义哲学最根本的原则之一是自由同时意味着责任,这也是萨特在他的作品中一再论证的。这将是第3章的主题。第4章会通过讨论"本真"（authenticity）这一概念及与其相对应的概念"自欺"（bad faith）来讨论萨特哲学所蕴含的伦理立场。这一讨论会延伸到第5章关于萨特对人与人之间关系的分析的探讨,并最终让我们思考是否就像萨特在《禁闭》这部戏剧中所说的那样:"他人即地狱!"。第6章会总结之前讨论过的概念,并讨论在萨特关于存在主义的作品中所体现出来的人的状况（human condition）和自由的伦理观。在第7章,我们会看到萨特关于自由的观点是怎么发展成文学必须是介入的这一看法,即文学要扮演一个政治的角色。作为一个作家,萨特认为他需要承担起一定的社会和政治责任。

我们会看到他是怎么解释这一点的。第 8 章会探讨萨特的理论立场是怎么和他具体的政治介入联系起来的。最后,在终章"萨特之后"我们会检视萨特对他同代人的影响,他的思想对他的追随者的重要性,以及他的思想如何能帮助我们思考当今世界。

关键思想

意　识

　　萨特的存在主义依赖于一种关于意识的理论。萨特曾说,"人的主体性是我们的始发点",他所说的这种主体性需要从一种有别于古典理性主义者(如笛卡尔)的角度去理解。笛卡尔通过我思(cogito)的经验来揭示他的第一真理——"我思故我在",而萨特在探索主体性的深度的道路上走得更远:他揭示了一个多重的意识——所谓的我思只是这一意识的一个面向。

　　在这一章节里我们会检视萨特如何通过改进现象学来发展自己有关意识的理论。我们会具体地探讨萨特如何解释意识和自我意识的本质,以及他的观点为何是一种对无意识之存在的否定。我们还会谈到萨特小说中的人物安东尼·罗根丁是如何受恶心所折磨,以及这一折磨对于他这一存在的个人又意味着什么。

我思故我在

　　萨特的哲学受笛卡尔影响。在他的《方法论》(*Discourse on Method*)和《第一哲学沉思录》(*Meditations on First Philosophy*)里,笛卡尔想要寻得某些绝对的真理来作为知识的不可动摇的基础。排除了任何看起来不清晰或者不确定的哲学观念,他最终找到了一个不容拒绝或质疑的根本真理:我思故我在。这个第一真理——即人作为思考的实体存在——是寻求其他真理和构建知识的基础。这是一种理性主义的观点:主体被理解为一种思考的实体,一种拥有理性的存在,这个主体所获得的知识仅来自理性,而与外部世界无关。萨特视这一观点具有还原论上的偏颇[1],从而提出了一种更完善的主体理论。

18

现象学

　　在柏林法兰西学院(Institut Français de Berlin)学习过一年的雷蒙·阿隆告诉了萨特申请经费到那里学习的方法。他同时推荐萨特向德国现象学家们学习。对被理性主义和唯心主义所主导的传统哲学体系感到不满的萨特非常兴奋地发现竟然存在一种讨论具体事物(即事物本身)的哲学,这即是埃德蒙德·胡塞尔的哲学让他兴趣盎然的原因。在柏林学习了一年现象学后,萨特写作了《自我的超越性》一文,首次对意识的内在进行了探索。

1　具体来说即这一个观点无视了主体作为一个与具体而实际的世界打交道的存在这一特性。——译者注

埃德蒙德·胡塞尔（1859—1938）

现象学之父胡塞尔最初是作为数学家开始他的学术生涯的。他所谓的博士后论文（Habilitationsschrift）是关于算术的。在1913年出版的《观念I》（*Ideen I*）中他第一次对现象学作出全面的勾勒——这一文稿在他之后的学术生涯中一直屡经修改。胡塞尔的哲学相当复杂，对20世纪的许多思想家影响甚深。海德格尔、梅洛-庞蒂和利科（Ricoeur）等人所发展的几支现象学学派皆源自胡氏。

19

　　胡塞尔想要探索的是去除外部世界后意识和思维活动中还剩下什么。他对"绝对意识"这个领域非常感兴趣，并想回答"这个世界如果真的如我们所见般存在，这个世界的意义为何"这一问题。对胡塞尔来说，现象学是关于基本存在的科学。胡塞尔想通过悬置（bracketing off）一些事物这一方法——即把一些事物从意识中排除出去、暂时停止对它们的思索和讨论——来探究事物的本质。如果意识总是对某物的意识，当我们把这个某物拿走，我们就得到了一个纯粹的、先于这个世界而存在的意识。这即是胡氏所谓的悬置（bracketing/Epoché）：人们暂时搁置自己对自然世界的判断从而得以接近事物原貌。在"意识是对某物的意识"这一判断中，我们可以发现意识是具有对象性的，我们称之为意向性。通过悬置，胡塞尔试图揭示纯粹意识的本质——即纯粹的意向性。

　　意向性是纯粹意识的基本属性，是作为我思的意识对某物产生了意识。而胡塞尔认为意向性是意识离开自身的运动，在对某物有意识的同时意识把自己抛入了世界当中。有趣的是，这是胡塞尔有别于笛卡尔的地方。对于笛卡尔来说，世界的存在并不是我思进行思考的必要条件。相反地，对胡塞尔而言，我思需要世界的存在,因为意识本质上是意向性的流动。然而这两人都认为意识在自我(ego)的层面上得到统一。意识去经验去意识,填充自己,作为经验流(a stream of experiences)而存在。笛卡尔和胡塞尔都同意是自我把这些经验串联统一起来。萨特不同意笛氏和胡氏对自我的观点,在他看来,自我并不起综合统一经验的作用。意识之流只被它本身综合统一,而所谓的自我只是意识活动的一个副产品。他是这样说的:

> 这个世界没有创造我(me);我(me)也没有创造这个世界。这两者作为客体被绝对的、非个人的意识所意识到,并被其所联接。当我们把那个所谓的"我"(I)剔除,那么这一绝对意识将不再有"我"的主体性。它将不再是一系列表象的集合。它是存在的第一条件和绝对的源泉。

> (TE 105-6)

20

意向性

德国哲学家弗朗兹·布伦塔诺(Franz Brentano, 1838—1917)最先提出了意向性这个概念。后来胡塞尔对这个概念的使用已经偏离了布伦塔诺的原意。反倒是萨特对此概念的运用更接近布氏所指:意向性即指意识总且仅是作为对某物的意识而存在。所以意识依存于一个外部世界而存在。而胡塞尔由于仍旧认为存在一个纯粹绝对的意识而受到萨特的批判。萨特认为所有的意识模式——知识、想象、情感等——都是意向性的,因为它们都是面向一个外在的客体的。因此意识从结构上说是一种超越性(transcendence)[1](见第2章)。

1　此超越性指的是意识超越自己并把自己投向经验世界这一特性,与认为在经验世界和现实世界之外还有另一个超验(transcendent)世界的信仰或哲学截然不同。——译者注

"这里有意识"

在《自我的超越性》一文中萨特解释了他是如何修改传统理性主义中对人的定义的。他也评判性地借用了胡塞尔的想法。像哈泽尔·巴恩斯(Hazel Barnes)说的那样,这一修改非常重要——萨特对笛卡尔的拒绝以及他关于前反思的我思(Pre-reflective cogito)的重要断言构成了他思想的始发点(具体请参考哈泽尔·巴恩斯在《存在与虚无》的译者导言中对《自我的超越性》的讨论)。在《自我》一文中,萨特通过自我观照描述了通向自我之发现的三个步骤:①意识(即对某物的意识);②非意识(即被意识所意识到的世界);③身体和自我(其并非属于这个世界之列)。

尽管在这个观照内省的过程中,我们首先遇到的是意识(而不是世界或身体),但萨特并没有像传统的理念主义者那样来处理意识这个问题,比如宣称意识是现实的基础。他承认我们首先遭遇的是意识,但并不认为意识创造或者维持了这个世界。一个预先存在的世界是意识存在的必要条件。因为意识总是作为对某物的意识而存在,为了让意识意识到它,这个某物必须早已存在。萨特是这样解释的:"意识的出生被一个非它自身的存在所支持"(BN 23)。意识发现这个事实的过程是这样的:意识是对某物的意识;这个某物是这个世界;这个世界接着让意识知道意识自己不是这个世界。这是一个认识论意义上的过程,它含有一个知识习得的顺序,而且其所得的结论并不具有本体论上的意义,因为其对事物存在的显现的秩序并没有下任何判断。它没有宣称首先有意识然后才有世界。这个世界是原初的,它在那儿被意识所掌握。意识并不从虚无中把世界创造出来,它通过诠释来创造早已存在在那儿的东西。

21

　　萨特提出,意识同时也总是自我意识。当我对某物有意识时,我同时对我对某物有意识这一事实有意识。"所以从本质上说所有意识都是自我意识"(Barnes xiv)。这个前反思的意识是没有自我的。它并非个人的,它仅仅是一个正在意识的意识。这个意识是一个行动:一个意识到某物的行动,把这个世界作为一个相对于意识的客体所把握,比如像心灵或一个具体的大脑。所以萨特想把经典的笛卡尔式的方程式"我思故我在"转变成"这里有意识,所以我存在"。通过观照内省,我们发现的第一"真理"是意识还不是一个"我"(I)这个事实。这里我们需要注意到萨特的这一观点和笛卡尔或者胡塞尔的区别。

意识的拓扑学

　　萨特给我们提供了一个比较复杂的关于意识的理论,根据这个理论人类有三重意识。第一重是前反思意识(pre-reflective consciousness),即对某物的意识(这一意识是一种行动)。这是最原初层面的意识。第二重是反思意识(reflective consciousness)。而第三层是自我反思意识(self-reflective consciousness),在这一层面意识成为了自己的客体。萨特用了两个例子来阐述三个层面间的不同。这里让我们来细谈阅读这个例子。当你沉浸在阅读中时,在前反思的层面上你同时对你所在的房间、房间的温度、你所坐的椅子等有意识。但你同时主动地投入于阅读活动当中,这是需要调动第二重反思意识的活动。运用反思活动来意识某物和前反思的意识是不同的。你阅读这本书:你解码书页上的符号,你理解它们,你思考它们。这些都是通过反思的方法来意识到某物。同时你还可以意识到自己正在阅读,这是自我反思的意识。当你在反思地阅读时,比如积极地思考你所阅读的东西,你意识到自己正在

阅读。你还可以对自己正积极地投入到阅读当中这一事实进行反
思。这就是萨特所提出的意识的拓扑学。意识就是这样运作的。
尽管在他的描述中这些不同层面的意识有一个先后顺序,它们并
不是一个接着一个发生的。它们是意识的同时的一些瞬间。

1.前反思:

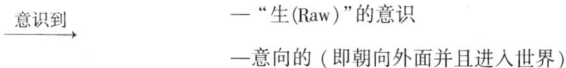

——"生(Raw)"的意识

——意向的（即朝向外面并且进入世界）

2.反思:

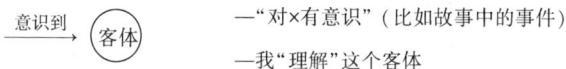

——"对×有意识"（比如故事中的事件）

——我"理解"这个客体

3.自我反思:

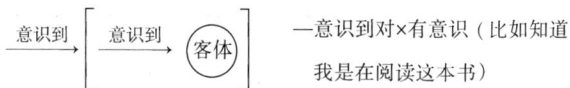

——意识到对×有意识（比如知道
    我是在阅读这本书）

图 1

萨特最后的结论和梅洛-庞蒂关于身体—主体的观点非常相   **23**
似。他是这样解释的,当我投入到行动中去时,比如阅读这一活
动,"我就那样被抛入客体的世界中;这些客体构成了我意识的统
一［…］但是我(me),我消失了;我消灭了我自己。我在这个层面
上没有位置"(TE 49)。这个世界中的诸客体构成意识。把意识综
合统一起来的那根线是意向性,即意识是对某物的意识。这一切
的发生都不受自我的操控;这并不是一个理性的、个人的过程。在
上述的三种不同的模式里——前反思的、反思的和自我反思的,意
识作为对某物的意识都是存在的。

梅洛-庞蒂的身体—主体

　　和萨特一样,梅洛-庞蒂大手笔地修改了笛卡尔式(当然还有胡塞尔式)的我思(cogito)。他说:"我们的身体不是"我思(I think)"的客体,它是被经历的意义的集合,并朝着自己的均衡所运动"(*Phenomenology of Perception* 153)。我是我的身体,或者说我是一个肉身化的意识,这个意识能延伸到我的身体疆域之外。这个身体—主体可以扩展到我驾驶的汽车,我演奏的乐器,或者我的拐杖——如果我是一个盲人。这些工具成为了我身体的外延,我通过他们来掌握、理解我身处的世界。它们和我的四肢一样,发挥同样的功效。当我在驾驶汽车的时候,我和我驾驶的汽车是一体的。这辆汽车包含在我的身体内,在这个世界中我作为"正在驾驶的意识"存在。

　　那么自我(ego)到底是什么? 它又是如何形成的? 那个"我"(I)是超越性的(transcendent),它在这个世界中,和其他的客体一样脆弱。萨特是这样解释的:"不是把自己表达成'我作为绝对而存在',而是表达成'绝对意识作为绝对而存在',这一点不言自明。对于意识来说,我的'我'(My I)实际上并不比其他人的'我'更为确定。它只是更为亲密"(TE 104)。这个"我"和这个世界都是意识的客体。这个"我"并不是存在的核心,意识才是,它为自己创造了一个自我。

24　　这对笛卡尔和胡塞尔的立场来说是一个很大的改动! 自我被从意识中驱逐出来了;它仅仅是一个客体。在这个意义上,我可以预想一个自我,然后像制作一个客体一样把它创造出来。"我"和其他客体的区别在于这些客体早就已经存在于我身外,而"我"依附于我而存在。最重要的是"如果自我和世界都是意识的客体,那么这两者谁也不创造对方;意识,通过把这两者联系起来,确保了个人积极地参与到这个世界中"（Barnes xiv）。

　　同样需要重视的是意识和世界之间建立起来的关系。这个"世界"是意识造就的。我们根据我们"在外面"——即在我们之外——所遭遇的来创造一个世界。我们赋予我们所遭遇的事物以意义,由此把世界变成我们自己的。自我也是从这个遭遇中而生：我创造我自己,我在实施自己的筹划过程中也创造世界。关于这点我们会在第 3 章进行更细致的讨论。

对无意识的拒绝

　　在我们刚才的讨论中,并没有 20 世纪风靡的无意识的位置。对于这一弗洛伊德式特色,萨特予以拒绝和否认,并与其抗争。萨特对我们不能对自己有一个全然的意识这一假设感到恐慌。既然我们作为意识存在,那就不应该有无意识这样的事物存在；对萨特来说无意识就相当于对存在的否定。

西格蒙德·弗洛伊德

　　精神分析学家西格蒙德·弗洛伊德（1856—1939）提出人类主体性由一个三重体系构成：本我、自我以及超我。为了解释清楚神经症患者到底是怎么回事（即为什么人会那么"不理性"地行动）,弗洛伊德提出了这样一个比较复杂的关于意识内部的运作的假设。自我是我们"理性"的部分,它可以行动以及拥有日常体验。超我是规则（比如父亲的规定或者社会的规则）的内化。本我,即无意识,是用来存储被我们压抑并从意识中清除出去的创伤的。这些被压抑的部分不仅导致了我们那些不正常的行为,比如神经症和精神病,还和我们很多的日常行为有直接的因果关系。事实上对弗洛伊德来说,面对超我和本我的夹击,自我显得非常弱小无力。同样重要的是,弗氏认为无意识在我们的心理生活中扮演了非常重要的角色,这对萨特来说是不可想象的,因为对他来说存在意味着有意识。

25

有趣的是,萨特对无意识的批判并不是因弗洛伊德而起。在《自我的超越性》中,萨特的批判目标是最先开始采用无意识这个概念的那批人之一——法国道德主义者弗朗索瓦·德·拉罗什富科(François, duc de La Rochefoucauld, 1613—1680)。文森特·德·库尔佰特(Vincent de Coorebyter)在他对《自我》一文的评论中提到,在那时萨特并不认为自己有足够的相关知识储备来对弗洛伊德的无意识理论进行有力的批判(请参考德·库尔佰特翻译的《自我的超越性》,2003:186-7)。所以他的批判更针对那些把前反思模式的意识和反思模式的意识混为一谈的心理学家,比如拉罗什富科。萨特给的例子是"必须被帮助的皮尔"。我发现皮尔急需帮助,出于对他的同情,我帮助了他。这种驱使我们去帮助皮尔的"必须被帮助"的性质是隶属于皮尔自身的,并不是无意识里的元素。这里没有一种无意识的驱力驱使我们去帮助皮尔;相反地,是那个"必须被帮助"的皮尔驱使我们行动。有的人可能还会据理力争,说这里有一种无意识的驱力在运作,这一无意识的驱力试图消除我因为目睹皮尔之窘迫所产生的不快。但是对萨特来说,这样的说法无视了这样一个客观的事实:即皮尔处于一个非常危急以及急需帮助的境况。正是这一外在于我意识的客观事实驱使了意识去做出回应。这里没有什么把戏,神秘的行动者或者动机。"必须被帮助的皮尔"就在世界中,我的意识遭遇到他并且选择帮助作为回应。

萨特在《存在与虚无》中又进一步重申了他对无意识的否认。他强硬地展示了存在即意味着有意识,以及无意识并不存在。在《存在与虚无》中萨特用自欺[1](bad faith)这个概念来驳斥无意识

1　bad faith 可翻译为不诚或者坏的信念,因为萨特用它来指称人对自己不诚或者欺骗,因此本书遵循三联版的《存在与虚无》,译为自欺。——译者注

的存在。通过这个概念,萨特解释了个人在不运用无意识的情况下欺骗自己是很有可能的(我们将在第4章进行讨论)。对无意识的拒绝和萨特之后所宣称的人需要完全对自己负责也有很大的关系:如果无意识确实存在,个人就不需要对自己完全负责了,因为她/他可以把责任推给无意识。我们会在第3章再细致地讨论这一点。

26

想象和情感

到目前为止,我们可以发现萨特对意识以及何谓一个有意识的存在的看法是对传统观点的根本修改。最重要的是,萨特一方面通过提出意识是多重的从而把笛卡尔式的关于意识的理论向前推进了一大步,另一方面他拒斥了赞同无意识过程的精神分析。在萨特解析想象和情感这些概念的时候他把自己关于意识的理论又发展得更为复杂了。想象和情感可能是人类独有的,因此任何哲学家都对这样的问题兴趣盎然。打个比方,想象指的是人类为自己创造一些客体的能力——这些客体之前并不存在于这个世上。

萨特理论的特殊之处在于他把想象和情感理解为意识存在于世界里的不同方式。想象并不是意识的工具;相反的,作为"想象的意识",它是意识存在的一种方式。想象被这个世界所制约,因为我们所想象出来的图像总是和我们日常的经验有一些关系。但是,如果我们再仔细一点地研究想象,我们会发现它其实是意识之自由的一种表达。想象的前提是意识能够给这个世界一种形式上的统一,然后再由想象去否定这样一个世界。想象的意识超越并且否定这个真实世界。为了形成一个"非真实"的客体、一个想象出来的客体,想象的意识必须首先建构一个在它之外的有一定整体性的世界,然后超越这一世界。为了想象出一个叫人信服的客体"Zyptrod",我的意识必须先提炼出它对这个世界的认识。然后它把这个世界作为一个没有"Zyptrod"存在的世界给否定掉。接下来我的意识想象出这个"Zyptrod",这个非真实的客体。这个"Zyptrod"纯粹是我的意识自由创造的结果。我的想象的确被这个世界制约,只是因为我需要去否定和超越这个世界。

27   萨特认为除了人类主体性外没有别的宇宙世界了,但他也说"如果你把这个世界和我的意识分离,那么将不再有对某物的意识了。所以也将不再有意识了"(Notebooks 558)。意识总是对某物的意识。为了从其他的角度来挖掘探索这些观点,萨特检视了在意识活动被打断的情况下,个人如何应对这一情况。如果一个人可以看到世界之真实所在——即世界在被意识所意识之前的存在——那么会发生什么呢?这个人又会如何体验自己作为意识的存在呢?萨特在自己的哲学小说《恶心》里提出了这些问题。

罗根丁的恶心

这部发表于 1938 年的小说其实写作于萨特创作《自我》一文的时期。小说是日记形式的,日记的主人也即本书的主角:安东尼·罗根丁。在小说的开头,虚构出来的日记编撰者解释说他们是完全复制了罗根丁的日记,没有什么改动。这些日记是罗根丁在布维尔(Bouville)图书馆作研究期间写作的。他当时为了写作一本关于罗尔邦侯爵(Marquis de Rollebon)的历史书籍正在布维尔图书馆作研究。在日记中我们可以看出罗根丁发现自己和世界、和事物以及和人的关系正在经历巨大的变化。他常常体验到一种莫可名状的对事物恶心的感觉,于是他试图去搞清楚到底发生了什么。有一次他抓起一个石球扔入水中,然后就第一次有了这样恶心的感觉:

> 一切都是从我想逗鸭子们玩那一刻开始的。当我正准备把那块鹅卵石扔出去的时候,我看了看这块石头,然后一切都开始了:我感觉到了它是存在的。在那以后还有别的恶心的体验;时不时的,客体开始在我的手中存在。
>
> (N 122-3)

当存在把自己向罗根丁显露的时候,罗根丁和世界之间的关系被扰乱了。罗根丁试图通过语言来理解他对存在的体验。他发现自己存在着,自己被存在所围绕,但他不能命名或者理解存在。他说:"事物和它们的名字分离了"(N 125)。

罗根丁在一个公园里的小插曲最能说明他和存在的遭遇是怎样的。有一次罗根丁走进那个在布维尔的公园,坐在一张长凳上。长凳下面有一簇栗树的根,牢牢地陷入地下。此情此景之下罗根丁突然体验到了一个让他难以呼吸的幻象。他这样说: 28

> 存在突然自我显现了。它剥去了抽象的范畴这一层无害的外衣;这根,公园的门,长凳,稀疏的草,这一切都消失了:事物的多样性,以及他们的个性,仅仅是外表或虚饰。这个虚饰融化了,留下软的、怪兽般的杂乱无章——赤裸裸的,是令人恐惧的、污秽的赤裸。
>
> (N 127)

针对令人震惊的体验,罗根丁解释了这个世界是如何反抗语言和意义的:"解释和理性的世界并不是存在的世界[…]这簇根[…]它的存在我无法解释"(N 129)。从这一段可以看出罗根丁在和存在的遭遇中还有更多的感悟:"我成了这棵栗树的根。或者说我完全意识到它的存在。但仍旧与它隔离——我意识到它——又迷失于它,除了它别无他物"(N 131)。在下一章我们会再次讨论这一段话。

恶心和地下人

俄国小说家陀思妥耶夫斯基(1821—1881)于1864年在妻子的病榻前写作了《地下室手记》。本书的主角有些特殊,因为他可以说是抓到了那没有虚饰的赤裸存在。他常常漫漫而谈,有时陀氏借他之口来谈论意识和无意识的问题。陀思妥耶夫斯基拒斥人是统一不可分的这一观点:该观点对他来说只是一个虚构。人是多元性的,他不是一种本质的表达,他是纯粹的存在。他的一生——我们可以从《手记》中得知——不仅仅是理性的一生。这和罗根丁在《恶心》中的醒悟非常相似。

如果我们对照着萨特在《自我的超越性》一文中对前反思意识的阐释以及对胡塞尔的意向性概念的挪用来阅读这一段落,将会有非常有趣的发现。当罗根丁宣称"我就是这根"时,他其实道出了一个现象学真理。作为一个非个人的意向性意识,他正是他所体验到的树根。在前反思模式的意识里,还未诞生出一个"我"来宣称是这一体验的主人。经验是这儿唯一存在的东西。当存在赤裸裸地显现的时候,事物与自我之间的界限变得模糊,这也是罗根丁感到恶心的原因。因此,尽管罗根丁知道自己存在,他还是宣称"现在当我说'我'的时候我感觉非常空洞。我努力去感觉却不太能感觉到自己,我把自己遗忘了。唯一遗留下来的是意识到自己存在的存在本身"(N 170)。这里存在的是对某物有意识的意识。这世上并没有一个自发能动的自我(ego)。这里仅有的是"对世界的意识和对意识的意识"（N 171）。罗根丁丢失了他的"我"，当然这个"我"一直保留着复苏的可能性。比如当罗根丁和他人互动的时候他的意识就又个人化了，他的自我也重新浮现出来了。

恶心体验的出现是各个层面上的意义丢失的结果。当事物脱去那层被人类理性加诸其上的虚饰时，它们才算是真正地开始存在，这时这个世界也丢失了所谓的意义。在下一章我们会更仔细地讨论这些。当一个人体验到自我的消逝时，个人化的体验也失去了意义。罗根丁的自我变成了一个漂浮的、转瞬即逝的东西。他曾经当作是自己存在的核心的东西现在只不过是微不足道的一小部分。他发现了自己意识内在运作的过程，也模糊地觉得自己意识是有前反思模式这一层面的。

当罗根丁不能在世界里或者自己身上发现意义的时候，他就处于恶心这一状态当中。对个人来说，体验到自我的消逝是令人恐怖和恶心的。但是我们通常并不会有这样的体验；我们活在自己是一个简单而统一的存在这一幻象中。这样的幻象可以让我们在日常生活中好受些。但是一个哲学家需要通过表象看到背后的真理。对萨特来说，是我们那多重的意识在和世界互动的过程中创造出了一个自我。在下个章节，我们会看到意识和存在的遭遇是如何发生的：萨特区分了两种存在物（beings），正是这两者的遭遇产生了人类世界。

小　结

30　　　　萨特关于主体的理论是对"我思"这一笛卡尔式的理性主义观点的修正，也是对胡塞尔的观点的反转——自我不再起统一我对世界的感知的作用，而是这个世界中的一个客体。在《自我的超越性》一文中，萨特告诉我们那个我（I），那个自我（ego），那个笛卡尔式的"我思"主体，其实只是意识在这个世界中活动的一个副产品。"我"，就像世界中的其他客体，成了被意识所意识的一个客体。它并不是人类存在的核心。和世界中的其他客体相比，它不过在感觉上和我们更亲密一点。意识是更基础的存在，是这个世界显现的根本。作为一个意向性的意识，即作为一个对某物的意识的意识，它通过赋予它所遭遇的外部世界以意义从而创造这个世界。因此，萨特提议我们应该用"这里有意识，所以我存在"这一说法来替代笛卡尔所说的"我思故我在"。对笛卡尔来说，确认了我思其实就等于确认了我存在，两者之间其实并没有真正的因果关系。但是对萨特来说，这个"所以"真正地传达了自我是如何浮现的：意识是第一性和绝对的，然后才有"我"的诞生。是因为有一个能意识到"我"的意识的存在，"我"才能存在。

存　在

　　在上一章节中，我们讨论了萨特的现象学。萨特关于意识的理论否定了传统理性主义的观点，因为后者无视了人在世界中的具体经验。现在我们已经了解了关于意识的现象学观点，也是时候开始讨论萨特的本体论了，即萨特在他的代表作《存在与虚无》中提出的有关存在（being）的理论。在此书中萨特试图通过他在《自我的超越性》一文中发展出来的现象学理论来对存在进行尽可能完整的描述。萨特多次强调他的理论本质上不是形而上学的，即他并不想要证明或者解释存在之在——那样一种形而上学解释会落在这一世界和存在之外。萨特坚持万物的存在都有一种根本的偶然性，所以对他来说这些形而上学的问题是没有意义的。对他来说，人——他研究的出发点，也纯粹是偶然的、无缘无故的和不必要的。在《恶心》中，罗根丁对这一偶然性的发现在一定程度上导致了他感觉到恶心。所以萨特并不关心对包括人在内的万物的存在的解释——因为这样的解释并不存在，但是对存在和存在的不同模式进行一个描述却仍旧是可能和必要的。

我们会以萨特对存在的定义开始这一章。我们会看到萨特是如何把存在（being）和人（human being）区分开来。接着我们会讨论人的一些特殊性，比如偶然性（contingency）、真实性（facticity）以及处于具体情境中的身体（the situated body）。然后我们会简短地讨论超越性（transcendence）这个概念（在第 3 章我们会进一步探讨这个概念），这一概念和萨特的无神论以及他对超验领域的拒绝都有关。

自在

萨特在其论文一开篇即提出自己对二元论的拒绝。二元论者认为世界是由两个不同的领域组成的。比如柏拉图认为存在着一个完美形式的世界，我们所处的世界不过是对那个完美世界的有缺憾的复制。对柏拉图来说，这两个世界是分离的、是存在（being）的不同领域。笛卡尔的哲学是二元论的另一个例子，对笛氏来说心灵和物质是两个不相通的领域。但对萨特来说，与其说存在有着不同的领域不如说存在有不同的存在模式，即存在（being）有着不同的存在（to be）方式。自在（being in-itself）和自为（being for-it-self）是萨特的本体论中最根本的两种存在模式。如果要对自在下一个判断，我们除了"自在是"[1]（in-itself is）之外说不出别的什么了，因为自在存在于我们对它的经验和意识之外。因为尽管意识是对某物的意识，此意识并不直接接触存在。相反地，这意识只是遭遇了它自己所创造的一个现象。在我们的意识试图掌握存在的过程中，一个被存在所支撑的世界会被揭示出来；但对于这个存在我们所能说的仅仅是它在/是。我们已经在第 1 章中讨论过意向

1 或"自在存在"。——译者注

性这个概念,知道了意识会渲染它所意识的某物,从而创造出一个自己的(现象)世界。那么自在则是跨现象的,即它存在于人类的现象经验之外。因此萨特是这样对自己的本体论下定义的:"对存在用来表露自己的现象的描述"。我们所能期望的仅仅是描述这个作为现象的存在,而不是那个在现象和人的经验之外的自在。所以萨特在《存在与虚无》中对本体论的考察是受他之前对意识的意向性的讨论所影响的,这样的本体论也必须被称为是"现象学的本体论"。

综上所述,我们所能说的仅仅是"存在是。存在是自在。存在是它所是"(BN 29)。从这个定义中我们可以推断出存在的一些特点。首先自在被自己所充满,它是存在没有缺失的完满。差别、范畴、客体、空间和时间的世界是为意识而存在的现象的世界。是意识引入了这些区别从而创造了一个世界。然而自在不受意识的影响。它是它所是。它不在时间中经历变迁:它是。

但是作为意向性的意识,我们所能接触的仅仅是现象的世界,那么萨特又是如何确定自在的存在的呢? 对萨特来说,现象的生发这一事实就是对自在的存在的有力证实。和相信"存在就是被感知"(to be is to be perceived)的唯心主义者巴克莱不同,萨特把现象的出现(the appearance of phenomena)当做有自在存在于其后的一个提示和证据。意识的本质,即意识是对某物的意识,也可以用来当做自在存在的证据。既然意识是对某物的意识,那么意识要存在,就必须要有一个存在(即某物)来让意识意识到。萨特是这样说的:"如果我们把世界拿开,那么这儿将不存在对某物的意识,那么到最后连意识也不存在了"(Notebooks 558)。最后要注意的是,对萨特来说,自在和自为交葛在一起,互为对方存在的必要条件,所以他不认为自己有关存在的理论是落入二元论的窠臼的。

33

巴克莱的"存在就是被感知"

爱尔兰主教乔治·巴克莱(George Berkeley,1685—1753)是形而上学唯心主义的信徒。他坚信现实本质上是心灵的(mental)。客体只有作为可感的信息存在于我们的心灵中才算是存在,这即是他耳熟能详的论断"存在就是被感知或者作为一个感知者存在"所表达的意思。人作为感知的心灵而存在,而客体在心灵中仅仅作为可感的信息的集合而存在。上帝既是我们心灵感知的终极原因,又是那个终极的感知者。只有人以及上帝的心灵才是真正的存在着的。巴克莱的这一观点至少在两方面和萨特的理论有非常大的区别:首先对萨特来说同时存在着物质和心灵实体;其次萨特的哲学是无神论的。

自为

和自在不同,自为是"是它所不是,不是它所是"(is what it is not and not what it is)的存在。萨特在《存在与虚无》中多次用这一 **34** 定义来总结意识的特点。自为是意识或者说人的存在模式。人是以自为这一模式存在的。萨特用"自为"这个词的时候,他指的即是人。对萨特来说,自为是那遭遇存在的虚无。自为,即人或者说意识,被认为是存在的虚无或者说存在的缺席。的确,如先前所言,意向性的意识一开始是空无的,这一空洞是被它所意识到的世界给填满的(详见第1章的分析)。否定(negation)通过空洞虚无的意识来到这个世界。但是在与存在的遭遇中,意识是可以引入诸如缺席之类的否定的。只有对于一个意识来说,这儿才有缺席、缺乏和不存在。萨特用了一个四分月的例子来很好地说明这一问题。只有对于一个期待满月的意识来说,四分之一才是有缺憾的。但是作为四分月存在的月亮是完满地、作为它所是地存在着的。只有对一个意识来说它才可能是残缺的。

> ### 皮尔的缺席
>
> 在《存在与虚无》中,萨特用了很多例子来阐释他的理论。皮尔是一个经常在他例子中出现的人物。萨特通过皮尔在咖啡馆中的缺席这个例子来解释意识是如何把否定带入世界的。只有当我怀着在咖啡馆碰见皮尔的期望,而皮尔恰恰不在的时候,我才会发现他的缺席(他的不出席)。另一方面,正如萨特所坚持的,这个咖啡馆和咖啡馆里的人群对我来说是一个完满的在场。这一背景,以及我对见到皮尔的期望,最终导致我可以下"皮尔不在这,他缺席了"这样一个判断。但是作为自在的存在,这个咖啡馆其实是一个完满的存在。

正是因为意识是这样一种把否定带入世界的虚无,自为被定义为一种不是它所是的存在。它不全是它自己,它和它自己之间的距离给筹划和自由地规避已经被决定的东西(即通过否定过去,向着未来、向着它所不是前进)留下了空间。是自由让我们和存在的完满性保持距离。萨特是这样说的:"自由就是人通过分泌自己的虚无来淘汰自己的过去"(BN 64)。作为一个自由的存在,我的各种可能性仅仅是可能性;我并没有成为这个或那个的义务。我不是我所是,即使我可以描绘出一幅我还未达成却渴望实现的蓝图,也没有什么可以预先决定我必须去实现它(我们会在第3章进行更加详细的讨论)。正因为这个原因萨特把自由的人定义为一组可能性的集合。

35

> **赌博者**
>
> 　　那个昨天决定戒赌的人会在焦虑中发现他必须时时刻刻重申自己戒赌这一决定。现在的他并不被自己过去的决定所限制。如果在当下面临着是否去赌博这一抉择,他必须再一次地下决心戒赌。他当下可以绝对自由地去决定,他的未来也绝对没有被他当下的选择所预先决定。所以当自为意识到"选择的我"和"本质的我"之间的距离时[1],自由也变得让人焦虑。关于这点,萨特会说:"本质不过是人对其过去所是的理解。焦虑则是作为人对自己处于一个永远远离其所是的存在模式的理解而出现"(BN 72-3)。我们会在第4章再度讨论这一点。

　　自为是这样一种存在:它总是处于一个具体的情境(situation)中并对这世界有一定的理解,这一情境和对世界的理解也塑造和改变着它的存在。萨特认为自为是一个筹划(project);它总是在创造着自己。作为一种虚无和一个否定的存在,自为是尚未被决定的,所以可以通过自己的行动去自由地生成(become)。它可以自由地和过去告别,通过自己的行动来确立自己,甚至可以不被社会和历史条件所制约。但是自为拥有的这种自由会使人焦虑,其程度之强常常使人不禁用自欺(bad faith)的方式逃离这种自由(参见第4章)。

偶然性和真实性

　　自为的处境是比较"悲剧"的。它存在着,然而却没有一个存在的理由或原因。所以自为是身处真实性世界(a world of

1　即后者不可能实现。——译者注

facticity）里的一个偶然存在。萨特是这样定义真实性的："尽管我必须以在那存在的形式存在,我的存在仍旧是偶然的,我不是我存在的根基"（BN 407）。而我身处某一个特定情境而不是另一个情境这一事实背后也没有任何理由。这些都是关于人的偶然事实。

36

　　萨特写作于 1938 年的小说《恶心》可算是对存在的偶然性以及人类如何应对这一偶然性的最生动的描述。男主角安东尼·罗根丁一直在与阵阵发作的恶心作斗争。当恶心发作时,事物开始失去它们的意义,世界的表象开始剥落,对罗根丁来说存在本身变得真实可见:这个世界是一个"令人恶心的、荒诞的存在（gross, absurd being)"（参考我们在第 1 章中的讨论）。有一天下午罗根丁在布维尔公园坐下并对一棵栗子树的根感到着迷。他一开始无法用语言去描述当时的经历,只等到他回到房间里开始写日记的时候他才能够解释他的发现:

　　　偶然性是最根本的东西。我是说我们不能认为存在是一种必须。存在就是在那儿存在（to exist is simply to be there);那些存在着的让它们自己被遭遇,但是它们本身并没有任何意义。我相信早已有人意识到这一点了。但是他们发明了一个必要的、作为原因的存在来克服这种偶然性。但是没有哪一个必定的存在可以解释存在:偶然性并不是一种错觉,一种会消失的可能性;它是那个绝对,那个完美的自由礼物。所有的存在都是无缘无故的,这个公园,这个城市以及我自己。当你意识到这一点的时候,你的内心开始上下翻腾,万物都开始漂浮 […]

（N 131）

当发现包括自己在内的万物都是无缘无故的——即不必要的,其存在与否没有一个原因理由的,罗根丁开始有了恶心的反应。彼得·考斯(Peter Caws)是这样解释的:

> 萨特把恶心和无聊称为"原初的反应";在萨特称为"内脏的层面"(visceral level)上,它们体现了意识和存在之间最根本的关系。这些反应强迫我们意识到自为的存在,但它们并没有再多告诉我们一点有关自为的信息;[…]
>
> (Caws *Sartre* 96)

37　时刻意识到自为之存在,然而又不能再知道哪怕多一点有关自为的信息,这样的经历最终让罗根丁爆发了:

> 我并不吃惊,因为我知道是这个赤裸的世界突然地自我显现了,在这个荒唐荒诞的存在面前我只能无言地愤怒。你甚至不能去想这一切是从哪儿来的,或者为什么这儿有存在而不是虚无。这样去想是没有结果的,这个世界在你前面,在后面,到处都是。没有什么东西在这个世界以前。没有。并没有这个世界还未存在这样一个时间点。这让我焦心:这流动的岩浆没有存在的理由。但是它不可能不存在。这是难以想象的:要想象虚无你必须首先早已在那儿存在,在世界当中活着,睁大眼睛。虚无只是我脑海中的一个想法,在这无限中漂浮的一个想法:在存在之前其实没有这样的虚无,这是一种和其他存在类似、并在很多存在之后出现的存在。我喊叫着"污秽!腐烂的污秽!",试图震惊自己来摆脱这种黏腻的污秽。但其一直维持不散,这儿有着成吨的、无穷无尽的存在:

我被这深深的无尽的疲惫所窒息。突然，通过一个巨洞，整个公园都变空了，不是这个世界消失了，就是我醒来了——无论如何，我再也看不到存在了：除了围绕我的黄色的大地以及从大地上伸出的死去的树枝外，什么也没有剩下。

(N 134-5)

罗根丁发现了存在的现实及其纯粹的偶然性。存在是没有理由的。自在也在我们力所能及之外。当我们没有处于恶心的状态时我们体验到的是一个有意义的世界。而自在不为人而存在，其对人来说也没有意义。对萨特来说，这就是我们是不必要和无缘无故的原因。人的存在完全是偶然的，这也是他/她总是想要为自己的存在找到正当性的原因：对存在来说，他/她的存在并没有必然性。我们会在第 6 章继续探讨这些问题。

　　罗根丁被一种寻求自己存在的正当性的内在需求所困扰，这一需求是永远也不会被满足的。萨特认为人一直在寻求解释和理由。尼采称之为人的形而上学本能。

尼采对形而上学的批判

　　德国哲学家弗里德里希·尼采对 20 世纪的哲学，特别是对存在主义运动有很深的影响。他是萨特在《存在与虚无》中第一个提到的哲学家，萨特对他关于形而上学的批判也非常赞同。尼采认为人有一种寻求解释的需求，并且常常想要赋予自己的人生以意义。当找不到意义的时候，人们会自己创造一些话语来满足他们的这一需求。对尼采来说，这就是形而上学话语出现的原因。但是后来人们开始把自己的发明创造当做真理，而忘了其实是他们为了满足自己的需求而创造了这些话语。形而上学话语认为人所体验的只是表象,在表象之后还有一个人所不能接触的现实。尼采的一个主要批判对象是柏拉图的形而上学。柏拉图认为形式的世界才是真理世界。人类世界是表象的世界,即一个由形式的复制品组成的世界。就这样世界被一分为二:一个超验的形式世界和一个内在的人类世界,前者代表真理和真实,后者则是对真理世界不完美的复制。尼采认为这样的哲学会带来很不好的后果:人会嫌弃自己和自己内在的生活,转而向往一个超验的但其实不存在的世界。形而上哲学虽然对存在的原因给出了一个解释,但同时让人的生活体验有质上的缺乏。因此尼采认为我们应该远离这样的形而上学话语,对此萨特表示赞同。

　　当我们在为存在和我们自己的存在寻求意义的时候,我们寻求的是一种先前就存在(a priori)的意义。我们忘了意义是首先通过我们来到这个世界的。自在是没有意义的;它仅仅是(it simply is)。自为的出现为存在带来了意义。意向性意识在这个意义上就是阐释性意识。我们生活的世界不是一个自在的世界,而是一个意义的世界(见第1章)。但是这意义是人类创造的意义而不是一个先天就存在的意义。在《存在与虚无》的结论部分,萨特认为询问为什么这儿有存在是没有意义的,因为存在是这样的询问出现的先决条件。如果真的要试图回答,我们就会落入形而上学的窠臼,而这恰恰不是萨特想要的。我们要做的就是接受自己是偶然的存在这一事实。我们需要在各个方面接受自己的真实性(facticity)。

　　我的真实性包括了我的出现这一偶然事实,以及我的各种特

殊性:我的这一身体,我存在的具体情境,我的家庭,我所属的社会
阶级,我的肤色,我的性别等。人是自由的这一事实也是真实性的
一部分。我不由自主地是自由的。"我们被审判为自由的"是萨特
最为有名也是最难解释的言论之一。自为作为一个自由的意识,
通过身体和这个世界互动。这一事实没有原因也找不到正当性。
我们就是自由的存在并且必须对此承担起责任。所以自由也是我
的真实性的一部分。

处于情境中的身体

自为是一个情境化和肉身化的存在。意识通过身体和世界互
动。像笛卡尔之类的理性主义哲学家认为大脑控制身体,其过程
与手控制工具类似。身体被当做大脑实现构想的工具。相比之下
萨特的观点非常不同。萨特不认为意识和身体是自为的两个分开
的部分,因为这又会落入二元论的窠臼。因此他会说我们同时完
全是身体也完全是意识。人的存在即是身体在客体的世界中的存
在。萨特坚持认为我们的始发点应该是我们的"在世间存在"
(being-in-the-world)而不是我们的灵魂。我们必须认识到,尽管意
识似乎是第一事实,但其总是对某物的意识,因此它的存在预设了
一个世界,它必须在世界中存在。所以必须要有肉身化的经验才
能有意识的意向性活动。萨特认为身体是"我的偶然性之必然所
采纳的偶然形式"(the contingent form which is assumed by the neces-
sity of my contingency)。这即是说我一定会有一个身体,但是我有
这样一个特定的身体是偶然的。

我的身体是我的情境和我的偶然性。世界通过我的身体向我
显现。但是萨特认为我们的身体不仅仅是一个工具。当我们通过
身体进入到存在中时,或是我的世界通过身体涌现的时候,身体是

40　一个工具。它是自为的行动中心。当我和世界互动的时候,我的
互动是通过我的行动和我对客体的使用实现的。我"使用"的手并
不是一个工具而是一个行动。我的手是构成我的世界的一系列工
具的意义和朝向。这一综合的中心是作为工具的我。我的身体是
被生动地经历的:

> 身体并不是第一位的,客体也不是通过身体向我们显现
> 的,是工具性的客体(instrumental-things)通过它们最初的表象
> 让我们的身体向我们显现。身体不是客体和我们之间的一个
> 屏幕;它只是标志着我们和工具性客体的原初关系的个体性
> 和偶然性。

（BN 428-9）

行动是自为在世间存在的方式。身体是自为面向客体的立即在场
这一行动(The body is the immediate presence of the for-itself to things
as action)。我是我的身体但我同时也不是它。因为它是我行动的
始发点所以我是它,因为我可以通过行动超越它所以我又不
是它。

　　我的意识作为身体存在着:它是被肉身化的。萨特用眼睛疼
的例子来强调他的肉身化理论。如果我在阅读的同时感觉到眼睛
疼,我对世界和自己的意识是被自己眼睛的疼痛所中介的。我成
为了一个疼痛的意识。尽管我可以把注意力集中在阅读的行动或
者我的身体上,我疼痛的双眼、我身体的疼痛是被经历着的——这
是我被经历的意识。所以我拥有这一特定的身体是偶然的,但是
我拥有一具身体并且被这具身体造就成一个特定的意识却是必须
的。这构成了我的真实性里非常重要的一部分。但同时萨特指出

自为并不被自己的真实性绝对地制约。作为自由的自为可以超越
自己：它可以超越它的真实性。

超越性

既然自为是一种虚无，是它所不是且不是它所是，那么它就可
以超越自己。事实上它不得不超越自己。自为所参与的任何互动
都是一种超越的行为，即朝自己之外运动。萨特用知识这个例子，
因为"就它总是面向某物在场而言它就是自为"（BN 242）。作为
一个对某物有意识的意向性意识，自为是面向自在的在场。这不
是一个平等的关系，因为自在不能对此做出回应。当我认知某物，
我的意识向被认知的某物运动。于是我向着我所不是的东西（那
个被认知的某物不是我）运动。这样一个自在和自为之间的基本
关系让我们知晓自为总是在自己之外的，它通过向自身的外部运
动这一方式来构成自己。自为的这一特性让它可以成为一种筹划
（project），即创造自己。在这个意义上，超越性构成了自为。我们
会在第 3 章再次讨论这一观点。

萨特的无神论和他对超验领域的拒绝

萨特谈论的超越性是一种内在的超越——即内在于人的经验
领域的。只有谈论作为筹划的自为或者说能够超越其意识到的客
体的自为时，关于超越性的讨论才是有意义的。对萨特来说，不存
在一个在这个世界之外的超验世界。这是一个人的世界，是意识
和存在遭遇后的结晶。尽管自在是意识所不能真正触及的，但它
仍旧是属于这个尘世的。这个世界和柏拉图所谈论的形式的世界
是完全不同的。在这个现实之外没有别的现实了。唯一的现实是
人间之现实。不存在一个超越了我们的经验世界的领域。我们栖
居在存在（being）中，除了这个存在就没有别的世界了。

从这一本体论观点我们可以推断出一个无神论立场。萨特曾多次强调自己的无神论立场,但是我们并不能确定他的这一立场在多大程度上是受他的本体论所影响的。但无论如何,他的"缺少信仰"和排斥像上帝之类的超验存在的本体论非常吻合。

萨特和上帝:一个早期的无神论

萨特的无神论从个人方面来说源自于他少年时期的一段个人经历,从哲学逻辑上来说是他的哲学立场的一个推论。在他的自传中,萨特提到,在 1917 年他 12 岁时,他怀着一种"有礼貌的惊讶"(polite astonishment)发现上帝并不存在。在等待朋友一起去学校的时候,萨特进行了有关上帝的冥想来打发时间。"上帝突然蹒跚地走向蓝色的天空并且没有缘由地消失了:他并不存在,我这样对自己说 […] 然后我觉得自己解决了这一个问题"(Words 170)。在他 1974 年与波伏瓦的对话中,他承认尽管他想出了关于无神论的华丽论证,但事实上他个人不信仰上帝的原因一开始却不是哲学上的。

在他的公开演讲《存在主义是一种人道主义》中,萨特为无神论提供了一个解释。存在主义把人的主体性作为自己的出发点。除了人的宇宙外没有别的宇宙。因此在这个宇宙之外没有别的存在,而在这个宇宙之内的存在都为人而存在。自我性的循环就是这样解释的。作为一个意向性的意识,我为自己构建了一个世界;在我的世界之外的存在对我来说实际上并不存在。上帝,作为一个全能的、永恒的、心灵的以及超验的存在,在我的世界中没有位置。既然上帝并不存在,人也就没有一种本质。对人来说"存在先于本质",因为并没有一个全能的存在为我们预先确定了一种本质。人被交给了他/她自己——就如萨特所言,人"被抛弃"了,但同时也自由了。

萨特认为就像《魔鬼与上帝》这部戏剧表达的一样,上帝之死带来的是人的真正的解放。男主人公戈策经历了许多精神上的变化,并且曾一度信仰上帝。他想做一个好人并且努力去做一个好的信徒。但是他的尝试失败了。他最后得出了上帝并不存在这一结论并宣称:

> 无时无刻我都在想在上帝的眼中我会是什么。现在我知道了答案:虚无。上帝没有看到我,没有听到我,也不知道我。你看到了我们头上的这片空无了吗? 那就是上帝。

(Devil 141)

戈策和萨特认为这对人来说是一种解放:"他不存在[……]是我创造了我们。没有天堂和地狱。除了尘世别无它物"(Devil 141-2)。这是真正的解放,但同时我们也被审判为自由的。如果上帝并不存在,那么我们将要完全为自己的所作所为负责。我们没有任何借口。

萨特曾说上帝之死意味着所有超验性的死亡,但同时也意味着"无限性之开启"(Notebooks 34),此无限性即指人的无限可能性。就像他在《伦理学笔记》中所说的那样,"从此人发现自己成为了死去的上帝的任务的继承人:把存在从其向绝对模糊的黑夜的永恒堕落中拉出来。一个无限的任务"(Notebooks 494)。他的无神论的一个后果是意义的丧失,面临着上帝之死超验存在的缺席,人必须自己去重新创造这一意义。作为一个在具体情境中的、肉身化的意向性意识,自为或者说人已经接受了这个任务。他/她通过赋予自在以意义从而创造这个世界。我们会在下一个章节里看

43

到,自为也被认为是完全自由的。所以他/她必须为自己创造价值和意义。萨特认为这一自由是绝对的,而他的无神论和对超验领域的拒绝使这一自由成为可能。

小　结

　　萨特描述了存在的两种模式:自在和自为。自在是存在的充盈和完满,而自为是对自己有意识的存在,即人的意识,或者如萨特所说,那遭遇存在的虚无(所以萨特的代表作叫做《存在与虚无》)。自为把否定带入到世界中。自为是一个真实和偶然的存在。人是被抛入到这个世界中的。人的存在没有理由,我们也解释不了这个世界的存在。其仅仅是在这儿存在。偶然存在的人被定义为自由的。处于某个情境中的。肉身化的意识。自为是自由的,所以它是可以超越自己的真实性的超越存在。萨特的本体论设定否定了传统形式的超验,而他所赞同的超越性是内在于人类的经验世界的。在萨特的哲学里没有超验领域或者上帝的位置,所以萨特的哲学是无神论的。

自　由

在上一章,我们触及了萨特哲学中非常重要的一点,即人造就自己(human being makes him/herself)。人在通向自己目标的同时超越自己,从而发挥出了自己的超越性。人是一种筹划。人之所以可以造就自己是因为人在根本上是自由的。这一章探讨的便是萨特式的自由这一概念。萨特认为人是绝对自由的和绝对有责任的,很多读者一开始可能会对这样的观点感到震惊。从字面上理解,他们可能认为萨特说的是人总是可以自由地去做自己想做的事。读者常常把萨特所定义的自由和另一种自由弄混:后一种自由指的是随心所欲地去满足任何欲望的自由或者去实现任何愿望的能力。如果萨特谈论的是后者的话那的确会让人震惊。但是萨特谈论的绝对自由源自于他的本体论和无神论立场。没有一个上帝来替我们做决定或者把一些价值意义强加于我们身上。作为自由的存在,我们可以做到这些,但是我们必须做好准备迎接任何的后果。对萨特来说自由不仅仅是通往任意妄为的人生的通行证,它也意味着责任。人是自由的,但是同时必须完全为自己的自由负责。我们可以在《存在与虚无》中找到这一观点的理论依据——

毕竟萨特把自己的这部代表作称为"对自由的论述"。所以在这一
45 章中我们会首先讨论《存在与虚无》以及萨特的一些文学作品是如
何对自由这个概念进行阐发的。接着我会解释绝对责任到底是什
么意思。然后我们会对上一章中简要提到过的"筹划"这一概念进
行讨论——这将会帮助我们理解萨特的名言"存在先于本质"。我
们还会探讨萨特是如何在自己的戏剧和小说中处理自由和责任的
错综复杂之处。

情境

在第 2 章里我们说到了意识不是它所是：它必须是它所不是。
它是面向自己的在场，而这一在场是不断被造就的。意识从不真
正地与自己重合。它从来不是它所是：它是时间性的和自由的，所
以总是处于一个生成创造的过程。在存在的过程中，自为超越了
自己的过去和所处的情境。它是一个筹划，即一个拥有一个作为
本质的过去的存在，但它总可以超越这个过去。

> 它从不是它所是。它所是的已经被超越被丢在后面了。
> 我们把这一被超越的真实性称为**过去**。因此**过去**是构成自为
> 的一个必要结构；因为自为只能作为否定和超越而存在，而这
> 意味着必须要有一个被超越的某物存在。
>
> （BN 197）

因此过去（past）是现在（present）的"自在"。过去是我存在的一种
确定，因为我有一个过去而且我带着这一过去生存，但同时我超越
这一过去。我并不被过去所约束，不管过去如何我都可以创造
自己。

除了超越自己的过去之外，人同时也超越由自己的身体、家
庭、社会阶级、国家以及种族等构成的自己所处的情境。这一情境

是人生的客观物质条件的集合。这是我们所不能逃避、改变或者摆脱的。自为是在情境中的存在（being-in-situation）。但是这一在情境中的存在常常对其所处的情境进行行动。这即是自为作为筹划的行动。萨特称之为自由的悖论："只有在情境中才有自由，只有通过自由一个情境才来到世上"（BN 629）。确实，因为意识是自由，所以自由是处在情境中的。还记得我们在第 2 章中对肉身化的意识的讨论吧。意识是在身体中的，这个身体是意识在世的参照点。它是意识在世的视角。往小了说，我是处在我身体所是的视角这一情境中的。我的身体也是位于这个世界中的，它处在一个特定的家庭、社会阶级、国家以及历史阶段等。这个情境有一个客观的方面：我不得不作为一个女性出生在 20 世纪加拿大的一个工人阶级家庭。但是这个特定情境的意义是由我来决定的。这也是为什么萨特说情境是通过自由而存世的：我的自由意识赋予我诞生于的情境以意义。那样一来我就处于一个超越我的情境的位置。我的情境也就并不完全地决定我的存在了。

46

最根本的筹划

所以对萨特来说，只有当我们愿意被自己所处的情境所决定的时候我们才会被其所奴役。萨特把自为定义为一种筹划。这即是把自己抛入未来的我们的内在结构。"除了是一种超越已被决定的情境的筹划外我什么也不是。这一筹划根据我身处的特定情境来预先描绘出我未来的轮廓，它还通过我的选择让我所处的情境得到显现"（BN 706）。作为一种筹划，自为总是通过利用自己的自由来超越自己的情境。他/她的情境是一个始发点，是其跃向未来的跳板。这里我们需要仔细区分：我们所说的自为是一种筹划和自为有筹划是有区别的。我可能正在计划安排今夏的假期，这是我拥有的一个筹划。但这只是一部分，并不构成我作为筹划的存在。当我们说"最根本的筹划"时，我们说的是人生的整体是一种对自身向未来的筹划。每一个小的筹划都是对这一最根本的筹划的表达。每一个欲望、行动或者主体的秉性都对这个人的整体有所透露。通过使用存在主义精神分析，萨特认为我们可以比较"一个主体各种实际的驱力(drives)从而发现这些驱力所表达的那个相同的最根本的筹划——而且并不是通过总结或者重构这些驱力这样的方法，每一个驱力或者秉性都是这整个人"(BN 721)。

47　　自为的存在是对存在的否定。自由是对世界、对自在的否定。自由意味着自由地去行动(be-free-to-act)和自由地在世间存在(be-free-in-the-world)。所以筹划是对自由和世界之间关系的表达。自由对世界行动(创造它)从而实现自己的筹划。在这一创造性的行动中，人正当化了自己的存在。但是这一筹划是永恒地荒唐和无缘无故的：任何行动或存在都没有先天的正当性。所以这些筹划

一个存在主义分析：《家庭白痴》

　　萨特对法国小说家居斯塔夫·福楼拜的兴趣源自他年少时对《包法利夫人》这部小说的阅读。在萨特对福楼拜的长篇研究中(有三卷发表于1971和1972年)，他探索了"现今对于一个人我们可以知道他些什么"这一问题。在福楼拜这个个例中，我们可以发现他的根本筹划是成为一个作家。福楼拜的这一筹划贯穿了他生活的各个方面，包括每一个行动和选择。有趣的是，萨特的这一研究是在他修正了自己有关自由的观点以后才写作和发表的。在这一研究中，萨特认为在进行存在主义精神分析的时候，我们必须从情境是如何塑造个人的这一角度来挖掘一个人的最根本筹划。所以萨特也在找寻那些塑造福楼拜的社会和历史因素。

是被偶然而自由地存在于世的个人偶然地选择的。作为一个本身就具有偶然性的个人的偶然选择，筹划是没有缘由的、不被情境所担保的。自由的筹划被人的意识所憧憬并通过这一反思的行为正当化了它。但是这并不是说，我可以用我犯的罪是契合我的筹划这样的说法来正当化我所犯下的罪。我仍旧总是对我的行动负责，即使这样的行动是出于履行我那偶然的筹划。这一无缘故（gratuitousness）和正当性（justification）的同时性构成了萨特所说的"存在的眩晕"（existential vertigo）。但这同时是真正的存在（authentic existence）。萨特要求我们选择自由存在，而不要在自欺中逃离我们的自由。

当萨特解释眩晕这一概念的时候，他把其与个人对自己是绝对自由的这一事实的认识联系起来。这意味着"我的任何行动仅仅是可能的，这意味着在构成一个动机的总体性从而去改变情境的同时，我认识到这些动机并不是足够的有效"（BN 68）。萨特举了行人走在悬崖边没有护栏的窄道上这个例子。行人在焦虑中体验到眩晕，他意识到尽管悬崖很危险而他必须小心谨慎，但其实是否谨慎完全是他的自由。而且他之所以感到焦虑是因为他认识到自己可以突然决定跳下悬崖——除了他的意愿，没有什么可以阻止这件事发生。他并没有被自己的行为所决定。

所以其实"一个人用自己的自由去超越他所处的情境"这样的说法可能有歧义：更正确地说，人即是自由（freedom）。意识是绝对自由的；意识是自由；意识是虚无。它是自由，因此它是否定。它不被任何事物所制约，相反地，作为与自在相遇的意向性的自由意识（如我们在前述几章中的讨论），它自由地创造这个世界。萨特甚至认为一个囚犯或者一个被酷刑折磨的人也仍旧是自由的。萨特说过这样可能会引起争议的话："我们从没有像在德国占领下那

48

样自由过"。[1]　总结一下,绝对自由是一个本体论意义上的事实。也即是说,既然我是作为自由的意识存在的,我必须是也总是自由的。但是实践层面上的自由是需要去获得的。一个人在本体上是自由的并不意味着他/她在实践上是自由的。我们会在第 4 章看到,人可以逃离自由并选择活在自欺中。

> ### 乔·克里斯马斯的自由
>
> 在《存在与虚无》中,萨特引用了美国作家威廉·福克纳(William Faulkner)的小说《八月之光》(*Light in August*,1932)中的一段。一个叫乔·克里斯马斯的黑人被一群人殴打和阉割了。他伤痕累累并且奄奄一息,躺在地上看着折磨他的人们:"长时间地,他用一种平静的、深不可测的以及让人不能承受的眼神看着他们"(引自 BN 526)。萨特在他对虐待狂(sadism)等人与人之间具体的关系的讨论中引用了这段话。他把虐待狂(sadist)的筹划解释为想要压制他者的自由(我们会在第 5 章看到有关这一话题的后续讨论)。他是这样说的:"因此当他者的凝视在虐待狂的世界里爆炸性地出现时,虐待狂的意义和目标都崩溃了。虐待狂发现那是他想要奴役的自由,同时他意识到自己的努力失败了"(BN 526-7)。人的自由不会被他人的行动所俘获。即使在受折磨的情况下人仍是自由的。显然克里斯马斯并没有随意行动的自由,因为他站不起来也走不了。但他仍旧是一个自由的意识,他可以凝视他者并且赋予世界以意义。

49

1　本书作者对"Jamais nous n'avons été plus libres que sous l'occupation allemande"("La République du silence," *Situations* Ⅲ, 11)的翻译。——译者注

自由和责任

就像《存在与虚无》中描述的那样，本体论意义上的自由会延伸到伦理和实践的层面上，而一旦到了这个层面，责任也就变得息息相关了。因为自由被认为是绝对的，但是在行动的实践层面，萨特称之为一种审判："我们被审判为自由的。"萨特是这样解释的："之所以是被审判的是因为人并没有首先创造自己，但是除此之外他/她是自由的，因为当人被抛入这个世界中后，他/她会为他/她所做的所有事负责"（EH 23）。对萨特来说，自由不是我们所能逃避的。自由是自为的基本结构：我们存在即自由。但是如果我是绝对自由的，我也是完全需要对自己负责的；我并不被任何东西所决定；并不存在一个可以决定我的超验秩序。在上一章我们已经了解了萨特的无神论立场。因此，在他看来我们并不被一个上帝或神所决定。同样地，我也不被社会或我所处的情境所决定。我可以随意行事，也就是说我可以随意给予事物以意义。因此，即使我出身于一个位于高犯罪率社区的贫穷家庭，有着一对酗酒的父母，也仍旧可以成为一个拥有大学学历的成功人士。而宽裕的财政状况也并不意味着我以后一定会成为一个成功的商人。不论我的情境如何，我总可以重新创造我自己：我的情境是我的（my situation is mine）。我选择了一种情境，而我的选择是一种自由。对萨特来说，所有的情境都是人的情境。他这样写道：

> 这情境是**我的**（mine），因为它是我对自己的自由选择的　　50
> 意象（image），而且它展示给我的所有事物都是**我的**（mine），
> 因为它们代表和象征了我。难道不是我自己通过决定自己从
> 而决定了遭遇到的事物中的不利系数甚至是不可预测性？

因此人生中没有**意外**;一个突然发生的并且把我牵连进去的团体事件并不来自外部。如果我在一场战争中被动员征召,这场战争就是**我的战争**。它包含在我的意象中,它对我来说是应得的。之所以首先是应得的,是因为我总是可以通过自杀或者潜逃的方法逃离这场战争;在我们设想一个情境的时候,这些终极的可能性必须总是向我们显露。因为不逃离这场战争的话我实际上就是选择了它。

(BN 708)

这一段很好地强调了自由是根本的和绝对的这一观点。而且因为这种绝对自由,我将必须对自己的情境负责(是"我"创造了它),因为它是我的选择(我并没有被强迫做出这些选择,因为我不被任何事物所决定)和对自己所做的行动的结果:因为"人除了是他/她对自己的创造外什么也不是"(EH 15)。对萨特来说,无论我有多么强烈的偏好和意愿,我也不能通过责怪我的情境或其他因素来为我的存在方式找借口。他在《存在主义是一种人道主义》中为这一观点提供了清晰而简明的论证。他认为一个懦夫之所以是懦夫,只是因为他选择去把自己变成一个懦夫:"世上并不存在懦弱这样一种构成"(EH 34)。人们喜欢诸如此类的借口是因为一想到"人需要为所有的事负责任"就觉得太可怕了。萨特坚持道:

存在主义者认为懦夫把自己变得懦弱,而英雄把自己变得英勇。但总存在着懦夫不再懦弱而英雄不再英勇这样一种可能性。只有总体的参与才作数;某一个特殊的行动或者某一组特定的情况并不是总体的参与。

(EH 35)

格辛的懦弱

在《禁闭》(1944)这本戏剧中,三个主角在死后变成了阴间的三个囚犯。他们同时有了可以侦察到人间所发生的事的能力。格辛(Garcin)于是听到了一场他的朋友们关于他的对话。他非常不高兴地发现他们现在认为他是一个懦夫。他抱怨他们不应该只根据他的一次行动(大概即他死前的最后一次)来对他下判断。在和剧中的另一个角色伊内斯(Inès)对话时,格辛说:"我死得太早了。我还没来得及做一些事。"对于格辛的言论伊内斯是这样回答的:"人总是太早死——或者太晚死。但是人的一生在死亡的那一刻即完成了,一道线被清楚地划出来,人生可以被总结了。你即是你的一生,除此之外什么也不是"(No Exit 43)。格辛也许曾梦想成为一个英雄,但他做过的行动才算数,而这些行动使他成为了一个懦夫。他必须为此承担责任,因为他的行动是他自由选择的结果。

我们造就我们自己,因为人并没有被预先决定的本质,自为总是不断地向前推动自己,从而永远不是它所是。它总是在造就自己的过程中。它仅在死亡的那一刻才成为一种本质(这即是"存在先于本质"所言之意)。

存在先于本质

这一萨特所创造的术语常被用来定义存在主义。就像我们在前一章中看到的那样,萨特在《存在与虚无》中把自为定义为"不是它所是,是它所不是。"自为是一种筹划,它总是在造就自己的过程中,它造就自己。因此它先于任何事物而存在。我们只能就一个人目前的人生来暂时定义此人,因为这个人有可能会改变自己。但是,当人的一生结束后,我们就可以定义此人,而这一定义将永久为真。那时人将会拥有一种本质。比如人们可以宣称本书作者是作为一个写书的哲学教授而存在的。但是

51

> 因为本书作者还活着,因此他有可能完全改变自己的人生而变成一个面包师傅。只有当人死了以后我们才能总结他的事迹并定义他的本质。

52   人必须意识到自己的这一自由。如果能做到这一点,他的存在即是本真的——但是他会处于焦虑之中。这种焦虑会大得让人难以承受,这也是为什么我们要逃离自由的原因。我们经常受到诱惑去找借口,认为自己的存在是被决定了的。当我们这样做的时候,我们处于自欺(bad faith)的状态中。我们会在第 4 章中更具体地讨论这一点。

萨特在他的小说和戏剧中很精彩地讨论了有关自由、存在和焦虑的问题。《苍蝇》(1943)和《魔鬼与上帝》(1951)这两部戏剧特别典型地阐释了萨特在《存在与虚无》中讨论的绝对自由的运作。第一部戏剧重点讨论了自由和责任之间的关系;而第二部探索了信仰无神论的结果——结果之一是人的自由化。

波伏瓦谈绝对自由

波伏瓦和萨特曾多次谈论过萨特在《存在与虚无》中的观点。波伏瓦详述过他们在 20 世纪 40 年代早期的一次有关绝对自由的讨论。正在服兵役的萨特趁休假和波伏瓦在巴黎相会。在一次激烈的意见交换中,萨特为意识总是绝对自由的这一观点进行辩护,而这一观点否定了具体情境的重要性。波伏瓦是这样说的:

> 在那之后的几天我们讨论了一些特定的问题,特别是"情境"和自由之间的关系。我坚持认为从萨特定义的自由(即对既定的境遇的主动超越而不仅仅是克己的顺从)的角度出发,并不是每一个情境都是一样有效的:一个被关在伊斯兰闺房里的女人可以达成什么样的超越呢? 萨特回应认为即使在那样的情况下人也可以有不同的活法。我

一直坚持自己的观点,只是在最后做了一个象征性的妥协。基本上说我是对的。但是为了更好地为自己的观点辩护,我不应该在个人的层面上来谈论这个问题,不应该在唯心主义的伦理道德的层面来谈论这个问题。

(*Prime of Life* 434)

在她包括《皮洛士与齐纳斯》、《模糊性的道德》以及她的《第二性》等有关伦理的作品中,波伏瓦展示了情境的重要性,并告诉我们自由总是被情境化的,因此不是绝对的。索尼亚·克鲁克斯(Sonia Kruks)令人信服地指出,萨特之所以在他1950年代的写作中越来越偏向一种并不那么严格的关于自由的观点,和波伏瓦有很大的关系。

53

自由的俄瑞斯忒斯和戈茨

在《苍蝇》中,主角宣称自己是自由的。他不承认神的力量,并且认为即使存在着一个超验的领域,这一领域并不对他起什么作用。他承认是朱庇特创造了他,但是同时认为:"你失策了;你不应该把我造就成一个自由的存在。"朱庇特回答说之所以给予人以自由只是为了让他更好地侍奉他的神;俄瑞斯忒斯(Orestes)回答道:"也许是吧。但是现在已经是事与愿违了。我既不是主人也不是奴隶,我即是我的自由。当你创造出我的那一刻我就不属于你了"(*Flies* 117)。俄瑞斯忒斯不受神的驱使。他绝对自由,对自己的行为享有主权。他自我同一,为自己的行动负责,而不像他的被苍蝇迫害的姐妹厄勒克特拉或者阿尔戈斯的好人们那样深感愧疚。俄瑞斯忒斯解释道,当他发现自己是自由的时候,"天堂里什么也没有,没有对或者错,也没有任何人来命令我"(*Flies* 118)。他别无选择,只能去走自己的路并创造自己的价值。俄瑞斯忒斯是《存在与虚无》中所描述的本体论意义上的绝对自由的肉身化。而且他是一个本真的人,因为他不试图否认自己的自由,愿意为自己的选择和行为承担责任。

我们在上一章中提到的戈茨是萨特戏剧中另一位本真地存在的角色。戈茨在《魔鬼与上帝》中经历了一次有趣的个人变化。在戏剧的开头,他通过做邪恶的事来对抗上帝,这也意味着他并不是真正的邪恶,因为他需要一个对手。一个叫凯瑟琳的角色疑惑为什么戈茨选择邪恶,而他的答案是:因为善事已经被人做了!上帝做善事,而作为一个创造者的戈茨做恶事。但他并没有真正的发明创造,因为他把自己确立为上帝的对立面。他蔑视上帝的权力。

54 但当他自我挑战去做善事的时候,他进入了自欺的状态并被迫服从一种超验道德的命令:他尝试去实现善,但这一善并不是他自己的创造。戈茨持续地努力直到他发现"天国是一个空洞"(*Devil* 112)。他大喊道:"上帝并不存在[…]我把我们传递到世上。没有天国也没有地狱;除了尘世别无它物"(*Devil* 141-2)。戈茨发现人是被遗弃到尘世而孑然独立的,他必须自己来决定何为善何为恶。像在《存在主义是一种人道主义》中那样,萨特在这部戏剧中强调了无神论和自由之间的关系。这部戏剧传达的信息是,人总是遗世而孑然独立的,而选择去相信是上帝在那儿决定善与恶,则是在愚弄自己。个人必须承担起所有的责任,在这个完全是人化的和非道德化的世界里自由存在。在一次访谈中,萨特是这样描述戈茨的道德观的形成过程的:"戈茨追寻的是自由之路:它由对上帝的信仰出发到达无神的结论,从抽象的道德[⋯]到达具体的承诺。[1]"这条道路解放了个人并引导他去实现自己的自由。这条路的终点"超越了善与恶"。通过坚持和实践无神论,戈茨作为一种创造价值的自由而存在。然而有趣的是,在写作那出戏的时候萨特已经对在实践领域是否存在绝对自由表示出了怀疑。尽管他仍旧认为在本体论意义上自由是绝对的,他也开始改变自己对道德自由的看法,并越来越意识到情境的重要性。他的这一改变始于1940年代末,并在他后期的写作中得到了更充分的体现。这一改变在他的三卷本小说《自由之路》中已经初现端倪了。

弗里德里希·尼采《超越善与恶》(1886)

德国哲学家弗里德里希·尼采是一个坚定的无神论者。他在1886的文章《超越善与恶》中提出人应该采纳一种新的道德立场从而摒弃基督教道德所定义的"善"与"恶"的范畴。尼采心中理想的人类和未来的哲学家,即超人(Übermensch),是会自己创造价值的自由存在。这一类人会自由地创造自己的道德观来作为各种价值的起点。这种道德观注定是"超越善与恶"的,因为它摒弃了善恶这些范畴从而让个人作为自由和本真的存在而发展。个人不再被一种超验的道德观所制约,因为指定这一道德观的上帝已经被宣告为死亡的了。在他的《道德的谱系》(1887)中,尼采更进一步地探讨了善与恶以及好与坏等概念的起源与意义。

55

1　系本书作者对 Sartre, Jean-Paul, Un théâtre de situations, Paris, Gallimard, 1973, p.315 中 "Le chemin que suit Goetz est un chemin de la liberté: il mène de la croyance en Dieu à l'athéisme, d'une morale abstraite [⋯] à un engagement concret." 这段话的翻译。——译者注

绝对自由的失败？马修的事例

《自由之路》三部曲探讨了许多角色在存在主义意义上的焦虑。小说的主角马修·德拉鲁梦想成为一个绝对自由的存在。他想摆脱情境的制约，但却混淆了真正的自由和绝对的特许(absolute license)。他常常异想天开地行事，并且认为自己的这些行动是真正自由的。但他对自己的很多行为并没有承担起责任来，因此他实际上是处于自欺的状态中的。马修早期是处于这样一个想要实现绝对自由的个人主义的立场上的，但后来他经历了巨大的转变。在《自由之路》的第三部《灵魂中的铁》中，马修开始认识到自己其实从未自由过。他之前实现绝对自由的尝试都是徒劳的。他的很多行动都不是真的行动，因为他常常是脱离实际并且不是真正地介入的(not committed)。真正介入的人会全身心地投入到自己的行动中并且认识到自己的行动会对自己的存在产生根本的影响：这个人认识到自己的每一个行动都是在造就自己。如果人不是真正地介入的话是实现不了绝对自由的。马修宣称一个随心所欲的行动，或者说"一次轻率的心血来潮……那并不是自由"(Iron 178)。在反思了他过去的行为，反思了那些他认为是有意义和重要的行为之后，马修终于有了这样的觉悟。但是他过去的行为都不是介入式的行动(non-committed deeds)，所以其实连行动也算不上。因此他决定通过军事战斗来使自己介入。马修成为了"二战"中的一名法国士兵。但是，他意识到他即将到来的死亡是没有意义的。他是这样合理化自己的决定的：他想让自己的死亡去体现活着的不可能。然而这只是马修转型的过渡阶段。直到钟塔事件时他最关键的转变才发生了。当时马修和其他士兵被困在一个村子的钟塔里。一小股德国军队经过村子并且开始攻击他们。马修射杀了其中一位德国士兵。这一行动,据马修所言,是他人生中的一段痕迹。这个死去的士兵是他的"作品"。在这一刻马修终于完全地和自己所处的情境合为一体。他做了一个在战争中的士兵会做的事:他射杀了一个敌人。于是他肉身化了(embodies)历史的暴力,肉身化了他所处情境——即困在作为历史的飓风的战争中这一情境——的暴力。在这一刻他成为了情境化的自由(situated freedom);他是完全介入的。他也为自己的行动承担起所有的责任:这具尸体是"他的"作为。这一事件以这样的陈述结尾:"他开枪了。[…]他无所不能。他自由了"(Iron 225)。事件的最后钟塔被炸弹摧毁了。读者会猜想马修应该死在了钟塔里。《自由之路》第四卷的草稿后来透露出马修只是在爆炸中受了伤。但是读者并不知道这一点,在第三卷的余下部分里也找不到关于马修存活的提示,所以读者会以为马修已经死了。马修之死有着多重的意义。理解马修之死最有意思的方法之一是把这位存在主义意义上的"英雄"之死当作个人主义和绝对自由的失败。无视自己所处的具体情境和他人,一个人是无法使自己绝对自由的——而马修在整部小说中一直在尝试这样做。

自由这一概念的发展

在 1969 年于《新左派评论》(New Left Review)杂志的访谈中,萨特对自己在 1940 年代的哲学写作、小说和戏剧中所表达的严格的道德要求表示了惊讶。谈到那些他称之为"自由剧场/戏剧"(theatre of freedom)的戏剧时,萨特是这样说的:

> 某天,当我重读了自己为那些戏剧集——《苍蝇》、《禁闭》以及其他的作品——所写的序文时,我是真的感到很羞

愧。我以前是这样写的:"无论他/她处于什么情境和位置,人总是有选择是否当一个叛徒的自由……"当我读到这句话时,我和自己说:"我以前竟然真的相信这些,真是太不可置信了!"

(Itinerary 4-5)

萨特之所以对曾经的自己感到惊讶是因为他对自由的看法有了很大的转变。后期的萨特摒弃了绝对自由这一概念,并开始真正地将情境的重要性考虑进来。他的这一转变和以下几个因素有关。首先当他参加战争时萨特发现了自己的历史性。当然了,因为萨特早在 1939 和 1940 年期间就有了关于战争的体验,我们可能会期望能在他于 1943 年的论述中就提出一种并没有那么严格的关于自由的概念。但是随着萨特逐渐地成熟并且开始在政治上介入,再加上他在譬如《脏手》(*Dirty Hands*)和《死者未安》(*Unburied Dead*)中对本真性和自由行动的可能性的探索,萨特逐渐地抛弃了这一概念。他在《伦理学笔记》中对本真性这一概念的探索可能对这一转变也起了一定的作用,因为在这一过程中他开始意识到一种关于绝对自由的道德伦理是不可能的(我们会在接下来的章节中探讨这一点)。在他的《辩证理性批判》(1960)中,萨特和马克思主义进行了理论上的调情,并且重新思考了自为和他人的关系,这一些因素也非常重要。这些转变最终使萨特在 1969 年的访谈中说出了如下的话:

　　我从来没有放弃发展的一个想法是:最终人要为那些使自己成为这样的人的事负责,即便此人除了承担起这一责任之外做不了其他任何事。因为我相信人总是可以对已经被造就成现在这样子的自己做些什么。这就是我现在会给自由划的界限：那使一个完全地被决定的社会存在并不完全地被决定他/她的所在所安排的微小行动。

（Itinerary 7）

比起萨特在1943年发表的《存在与虚无》中的观点，这是一个很大的改变。

小　结

　　萨特强有力地提出人是绝对自由的。我们也看到这种自由也意味着绝对的责任。萨特最早在《存在与虚无》中的关于自由的观点是有问题的，因为他并没有真的把具体情境的重要性考虑进去。确实，虽然萨特提出自由总是具体于某一情境中的，同时他也坚持自由是绝对的并且不受具体情境的影响。这是因为他想据理力争所谓的决定论（determinism）是不存在的。如果硬要说存在着一种决定论，那指的也是个人可以自己选择决定用什么方式来理解自己所处的情境。在萨特后期的作品中，他开始从某种程度上承认情境塑造人的重要性。他修改了自己关于自由的定义，认为自由指的是我们可以对已经被造就成现在这样子的自己做些什么。不过无论自由是绝对的还是受情境限制的，最终自由是在个人身上实现的。这种自由所要求的绝对责任会给人带来痛苦。人们可能会通过自欺（bad faith）——即不承认自己是自由的——这一方式来逃避这一痛苦。对萨特来说这样的逃避是不能接受的，因为人应该尽自己所能去做到本真，而本真正是我们下一章节的主题。

58

本真性

通过先前的这些章节,我们了解了萨特把人定义为绝对自由的、有意向性的意识。意识在世间自由地行动,超越自己所给定的真实性,成为一个自己所不是的存在。意识是它所不是,不是它所是。意识总是朝向一个可能的未来,因此它也可以被定义为一个超越自己的筹划。因为意识是绝对自由的,它可以通过行动来超越自己的情境和真实性,从而成为一个自己所选择的存在。就像我们所了解到的那样,绝对的自由意味着绝对的责任。因为不存在像上帝这样的超验存在,人必须自己行动并且为自己创造价值意义;这也意味着人要为自己的行为完全负责。因为人是自己所做的事的总和,所以人要完全地为自己造就的自己负责。

萨特非常清楚,一个意识到责任和自由的个人可能会被绝对责任的重量压垮。他承认大多时候人会通过自欺(bad faith)来向自己隐瞒自己是自由的这一事实。我们的绝对自由所带来的责任是巨大的,因此通过自欺来逃离这一责任总是一个非常诱人的选

择。我们有两种不同的方式来理解自欺。一方面,在本体论意义

60 上,对自为来说,自欺可谓是不可避免的。另一方面,从伦理上说,
自为在努力成为本真的存在的过程中应该避免自欺。这里所谈的
本真性是萨特式以及存在主义式的伦理观的关键。但是,如果自
欺对自为来说是一种永久的状态,那么本真性将是不可求的。这
对我们来说是一个大难题。

在这一章中,我们首先会讨论自欺(bad faith)的含义,并分析
萨特所举的咖啡馆男侍者的例子。接着我们会考虑自欺的伦理面
向并把它和本真性作比较。我们会阅读早期萨特在《恶心》中对非
本真性的批判(他在书中引入了猪畜生[Salauds]这个概念),并且
通过阅读《伦理学笔记》以及萨特对其的讨论来探索本真性的可能
性。然后我们会讨论《反犹者和犹太人》这一文本。在结尾时本章
会审视本真性的可能性是如何成为一种存在主义伦理观的根
基的。

我苦闷故我在?

自欺这个概念在《存在与虚无》一书的很前面就出现了。在把
意识定义为虚无和自由后,萨特接着阐述了自欺这一概念。作为
自由的存在,意识是痛苦的:人认识到了他/她并不被任何人事所
决定,他/她需要对自己所有的选择和行动负责。这样的责任可谓
不能承受之重。萨特是这样说的:"苦闷即我意识到自己是自己的
未来,以一种不是(not-being)的模式"(BN 68)。这一苦闷是自为
现在所是(it "is" now)和其将来会是(it will be)之间的分裂所带
来的。作为自为的存在,意识不是其所是,是其所不是;其和自己
之间总有一段距离。这一点我们在之前的章节中已讨论过了。
这一事实给我带来了可能性,但恰恰因为这些可能性仅仅是可能,

它也为我带来了痛苦。只有我自由地去使这些可能性发生,它们
才能真的被实现。萨特区分了两种痛苦:面对未来的痛苦和面对
过去的痛苦。

当自为认识到其行为不受任何约束的时候,他/她就会体验到
面对未来的痛苦。面对着跳入悬崖的可能性,"如果没有任何事物
强迫我去拯救自己的性命,那么同时也没有任何事物可以阻止我
把自己投入深渊"(BN 69)。我的决定将会造就我自己。我希望自
己成为那个迫使自己采取某一行动的自己,但可惜我还未成为那
个自己,我不被任何事物所约束,我是自由的。在面对过去的时候
我们也会体验到痛苦。萨特用赌鬼的例子来解释这一痛苦。我们
在本书第 2 章中已经遇到过的赌鬼,已经坚定地下了戒毒的决定。
但是到了第二天,他又来到了赌桌前。他会怎么做呢? 在这一刻,
他希望昨天戒赌的决定能帮助他在今天做出选择,但他马上就意
识到前一天的决定并不具有任何约束力。当他面对进行赌博的可
能性时,他必须再一次做出那个戒赌的决定。当他认识到自己是
绝对自由的时候——赌或者不赌的自由,他也就体验到了痛苦。
在这一刻,我的过去和我的未来都帮不了我什么。在这一时刻这
一情境,我的行动是自由的——无论我选择了什么,我对我的选择
负有完全的责任。萨特是这样说的:"当自由沉甸甸地压在我们身
上的时候,或当我们需要一个借口的时候,我们总是准备好逃离到
对决定论的信仰中去避难。为了逃避痛苦,我们尝试着从外部来
把握自己,把自己当做一个他者(an Other)或者一件事物(a
thing)"(BN 82)。然而这一尝试注定是要失败的,因为我们并不是
一个他者或者一件事物。我是作为自己所不是的存在而存在的,
就像萨特说的:"我们是注定不能克服痛苦的,因为我们就是痛苦"
(BN 82)。我们会在第 6 章更深入地讨论这一点。

61

自欺

　　既然人在根本上是痛苦的,并且人都不愿意体验痛苦,那么很自然地任何人都会尝试逃离这一痛苦。对萨特来说,这即是自欺(bad faith):即意识欺骗自己的尝试。因此,如果我是自由的即意味着我是痛苦的,那么我是不可能根除这一痛苦的:在我在试图掩盖它的同时即意味着我注意到了它。对我自己掩盖自己是自由而痛苦的存在这一事实,即意味着我肯定知道我是怎样的存在,所以我会一直注意和意识到它。因此要逃离痛苦,人必须在某种程度上意识到它。

　　我们已经说过,自欺即是向自己撒谎掩盖自己的自由的尝试。但是自欺和撒谎不同,因为在自欺这一行为中,撒谎者和被欺骗的人之间的区别消失了:我既向自己撒谎又相信自己撒的谎。对我来说这谎言是真相。当我向一个他者撒谎时我是知道真相的,这个谎言是由我出发投向在我身外的他者的。我试图去欺骗一个他者。自欺则不同;它是去欺骗早已知道真相的自己的尝试。萨特认为这一状态是很不稳定的。的确,处于自欺的状态的同时,我其实也知道这是一个谎言;我其实知道我所相信的是我为自己编造的一个谎言。我们该怎么解释意识是可以成功地欺骗自己这一现象呢?

62

精神分析和自欺

　　精神分析试图通过把撒谎者和被欺骗的人对应为无意识的本我(the unconscious “id”)和自我(the “ego”)来解决自欺这一难题。萨特对这一尝试感到不满。我们在第 1 章已经谈到,萨特拒绝接受无意识的存在。在萨特的关于一个透明的意识的理论中,是没有不透明的和难以捉摸的无意识的位置的。萨特认为在精神分析的图式中我变成了自己的他者。对于自我来说,本我是陌生的。精神分析把自欺置于无意识的领域中恰恰是弄错了事情:因为自欺是发生于意识之中的;自欺之所以很难解释是因为这是一个有意识的过程。

在对自欺的分析中萨特举了两个非常有名的例子。在第一个例子中,萨特描绘了一次浪漫约会。一位女士答应了一位男士的约会邀请。这个男人心里明显有着一些想法,女人也知道这一点,然而女人决定无视男人的真实意图,因为她不想现在就做出选择,她想推迟那个需要做选择的时刻。她想作为一个自由存在被爱慕,从而不想承认自己是某种性欲望的客体。男人抓住了她的手。女人如何回应? 把手抽回来意味着对此男子说不,而把手留在那儿意味着准许。不管是哪一个决定她现在都还没准备好。

> 年轻的女人把自己的手留在那儿,但是她并没有注意到自己把手留在那儿了。她之所以没有注意到是因为碰巧这一刻她正心灵激荡。她把自己的约会伴侣提升到了情感幻想的对象的地位;她谈论人生,自己的人生,她把自己最本质的部分——作为一种性格和一个意识的自己——展现出来。在这一刻身体和灵魂分开了;她的手无生命地躺在她的伴侣的手中——既不同意也不拒绝——就像一件事物一样。
>
> (BN 97)

她使自己成为了一个去肉身化(disembodied)的心灵从而否认了自己的真实性,自己肉身化的存在。她在自欺。不承认自己是一个有身体的存在倒是帮了她的忙,因为她想要推迟那个做决定的时刻。在另一些时刻和场合——比如一会过后他们准备好要分开手的时候——她可能会自由地答应男人的情爱,完全地认识到自己和自己所处的情境,让自己体验到作为一个自由的人和一个有具体身体的人被渴望的愉悦,作为一个心灵和一具肉体被渴望的愉悦。但在此时此刻,任由自己的手被这个男人握住,她其实是在欺骗自己:她同时是肉体和心灵的存在,但她却乐于扮演一个去肉身化的心灵。

咖啡馆的男侍者的例子是萨特用来阐释自欺这一心态的另一个引人入胜的例子。这毫无疑问也是他所举的最广为人知的例子。

> 让我们来研究一下这个咖啡馆的男侍者。他飞速移动,移动得有点过于精确、过于快了。他朝着顾客迈出的步子有点过于急促了。他的腰弯得过于热情了;在顾客点单时他的声音和眼神有点过于热切了。最后当他回来时,他的移动似乎在模仿一个不灵活和僵硬的机器人,而他带着托盘的样子又表现出一个走钢丝的人的大胆:他手里的托盘一直处于一个不稳定的、总是被打破的平衡状态,而通过不断地轻微移动他的臂和手,他又不断重新建立起新的平衡。对我们来说他好像在玩一个游戏。
>
> （BN 101）

这个例子展现出这样一个男人:"他在表演(playing),他在消遣自己[…]他正在表演作为一个咖啡馆的侍者而存在"(BN 102)。的确,因为在本质上他并不是一个侍者(在事实上,作为一个自为,他没有本质),他必须使自己成为一个侍者。但是,他从来也不是一个自在的侍者(a waiter in-itself):这是不可能的。作为从根本上是自由的人类,一个不是其所是并且是其所不是的存在,他可以马上决定辞职并成为除侍者之外的某一存在。但是我们的这位男士却认真地把自己造就成一个侍者。为了"做"(be)一个侍者,他的所有举动都是用心地完成的。但是无论他如何努力地尝试,他也永远不会以自在的模式存在。他永远不会"是"（be），他只能作为一个造就自己的存在而存在。他可以把成为一个侍者当做自己的筹划，而即使他筹划得再好，他也不能说自己真的是一个侍者。他并不等同于他的举动或行为。因为，就像萨特所说的："如果说我是一个侍者，这不是说我是以自在的模式存在的。我是一个侍者时，我是以是我所不是的模式存在着的（BN 103）。这个侍者在表演自己是一个咖啡馆侍者。在专心于自己作为侍者的举动和态度时，他是处于自欺的状态中；他关注错了重点。同样的，想要做一个专心听讲的学生的人也是在自欺。他是"如此努力地表演出专心的态度，以至于最后他什么也没听进去"（BN 103）。表演取代听讲成了重点。

64

　　萨特在这里想说的是：当我说我是时，我无视了那个不断造就自己的自己。换句话说，当宣称自己是一个固定的存在时（我是），我否认了我是通过行动造就自己的一个动态的存在（我成为）。萨特认为，对意识来说，存在是一个造就的过程。因此，意识是以造就自己的方式存在的："意识不是其所是"（BN 105）。

　　自欺是不是不可避免的？萨特质疑真诚的可能性，认为它可能不过是自欺的一个具体事例：我们表演自己是真诚的！在这两种情况中——即自欺和真诚——我们都是在试图成为一个自在的存在，因此我们是在逃离自己真正的存在。萨特用一种阴郁的笔调结束了《存在与虚无》的这一章节，而这似乎也注定了萨特后来尝试描绘出一种伦理观时得到的结果将是消极的：他认为人的存在是一种自欺的存在。但是，在一个尾注中，萨特宣称本真性是可能的，只是他并没有解释应该如何成为一个本真的存在！我们需要在萨特此后的作品中寻找这一答案。

猪畜生

我们可以在《恶心》中找到萨特早期对非本真性或自欺的定义。小说的主角安东尼·罗根丁对布维尔的资产阶级持非常批判的态度。一个星期天的早晨他去看一个特别演出。"十点半的时候我出发了：星期天的这时，你可以在布维尔看一场非常不错的演出，但是你可不能和人流走得太近"（N 41）。这个演出其实就是资产阶级家庭周日早上的散步。所有人都非常用心地表演自己的角色，整个演出看起来就像一个编排好的见面和问候的仪式。罗根丁走在人潮中观察着人们的行为。他在这时还没有对此持批判态度，但是他有着非常敏锐的观察。他所描述的芭蕾舞看起来就和咖啡馆男侍者的例子一样，而那位男侍者，就像我们之前看到的，在表演作为一名侍者而存在的存在的时候好像就在出演已经仔细研究好的剧本。周日早上的散步，对布维尔的资产阶级来说，也是在表演作为资产阶级的存在而存在。他们遵循惯例，他们戴上面具，而且他们试图说服自己：他们是资产阶级。

那些把自己的画像挂在布维尔博物馆的一个画廊里的资产阶级其实也在做同一回事。有一天罗根丁去参观博物馆并对这些画赞赏有加。这个画廊收藏了这个城市中许多名人——那些把布维尔造就成这个繁荣的城镇的领袖们——的画像。罗根丁比较了自己和这些人对存在的体验，对他来说存在是偶然的，而对那些人来说他们自信自己的存在是有道理的。罗根丁这样说：

> 然后我就意识到了是什么把我们区分开来的：[…]我的存在并没有道理。我的出现是偶然的，我就像一块石头、一株植物或者一个微生物一样存在着。我的人生朝着所有方向的

微小的愉悦伸出触角。[…]但是对这个英俊完美的、已经死去的男人，让·帕考姆(Jean Pacôme)，国防部帕考姆之子，事情完全不是这样的：他心脏的跳动以及内脏无声的轰鸣都遵循一定的道理。在他生命的六十年间他从未有一刻不是这样生存的。这些伟大的灰色的眼睛中从未闪过丝毫怀疑。帕考姆从没犯过一个错误。

(N 84)

领导人路西安

在他收录于《墙》(1939)的短篇《一个领导人的童年》(The Childhood of a Leader) 中，萨特探索了非本真性这个概念。男主人公路西安经历各种人生阶段后最终长大成人。他不确定自己存在的意义，并被周遭的资产阶级式的虚伪所困扰。他的父亲是一个领导人，是工厂的老板，这位老板父亲向儿子保证他以后也会成为一个领导人。成为领导人似乎是路西安的"本质"，他的整个人生都朝着这个方向移动。这个故事展现了路西安是怎么认识到自己的存在是有道理的，自己确实是一个领导人。他在青年时期从内心对自己进行拷问的过程只是一段岔路。他是这样反思的："第一公理，永远不要试图去探索自己的内在；没有比这更危险的错误了"(Childhood of a Leader 142)。他现在从他人的视角中去寻找那个"真正的路西安"。他从而采纳了一种把自己客体化为一个本质上是领导人的视角："[…]存在的正当性高过存在本身，就像数学客体和宗教教条。现在路西安就是这样：一束责任和权力的集合"(Childhood of a Leader 143)。路西安是一个猪畜生因为他不是本真的。

他们相信自己的存在是有道理的,有很多东西是属于他们的,譬如舒适、金钱上的保障、权威等,资产阶级没有任何怀疑地表演着自己的职责和领导权。他们服从于一种资产阶级的本质并相信自己参与到这种本质中:他们就是资产阶级,因此他们的存在是有道理的,并有很多职责要去履行。这对他们来说好比自然规律。他们从不会拷问怀疑这一点——他们只是照章行事活出自己的本质。罗根丁幻想了画廊里这些画像背后的人物们,当他来到画廊的终点时,他感叹道:"再会了,美丽的百合花们,优雅地避难于画像中,再见了可爱的百合花们,我们存在的骄傲和理由,再见了你们这些畜生们!"(N 94)。

猪畜生指的是那些不承认自己的自由的人们。作为人类,他们是通过行动创造价值的自由意识。但是他们否认这一点而宁愿遵守将价值意义强加到他们身上的社会秩序,以交换这一秩序赋予他们的权利。这样的猪畜生是在自欺因为他拒绝承认自己是一个自由的自为。他视自己从属于一个外在的秩序,因此他感受不到存在主义意义上的痛苦。感受不到痛苦的他是非本真的。

本真性

既然萨特把人定义为永远试图通过自欺逃离痛苦的意识,那么人是否可能,或者说是否渴望,成为本真的存在呢?既然本真会给人带来存在意义上的痛苦,那为什么还要追求本真性呢?在萨特的伦理观中本真性具有非常重要的价值;作为人类的我们为此而奋斗努力。

萨特自己对本真性的追寻

听从了波伏瓦的建议,萨特在参军期间养成了写日记的习惯。在日记里萨特写下了很多哲学笔记、阅读笔记以及他作为气象站的士兵的日常逸事。本真性是他日记中一个逐渐浮现出来的哲学主题。有趣的是,这一主题的浮现是因为萨特自己就挣扎着成为一个本真的存在。和战争的突然相遇让他认识到自己必须对这一战争有一个态度。在被征召之前,萨特是一个不关心政治的无政府主义者。另一方面,他个人的生活,特别是他和科莎基维茨姐妹(奥尔加和万达)之间颇成问题的关系,也促使了他对本真性的思索。他认识到自己是一个丑角:

> 我是处于社会关系中的,是一个演员——这,毫无疑问,是出于无聊和要消耗过于泛滥的喧嚣的需求;其他时候是为了赢得他人的心;还有的时候仅仅是想给他人留下一个鲜明的印象。
>
> (WD 18)

但同时他渴望成为本真的、真诚的存在。但是:

> 我之所以拷问自己,是因为想要写下这一拷问的结果 […]
>
> (WD 29)

所以萨特对本真性的渴求本身是不是非本真的呢?他是不是就是他自己所说的"真诚的冠军"的例子?他在之后的笔记中继续反思。在阐述了历史性(historicity)和介入(commitment)这两个概念后,萨特认为他能得到的本真性存在于批判:

> 　　那个我一直在赋予我自己的自由是在空气中的,并且拥护必须有根基这一原则。我这样说并不是提倡必须赞美一些事物——我用尽全力去赞美好多好多事物。我想说的是个人性必须有一个内容。其必须由土做成,而我的是用风做的。
>
> （WD 293-4）
>
> 因此萨特所追求的是成为一个本真的、自由的、介入的个人。
>
> 　　在战争期间萨特一共写了 15 本笔记。其中 6 本被出版（未出版的 9 本不是找不到就是已经丢失）。

68　　　人是自己不断造就自己的存在。他/她作为一种筹划,朝向一种可能的存在、朝向一个成就了一系列的事绩或成为某一种人的自己而存在。个人朝着自己为自己设定的一种可能性前进。自由的意识为自己定下一些目标,并通过行动或不行动去实现它们。在《伦理学笔记》中,萨特认为人是一种朝向本真性前进的筹划。他只是假定人就是这样的,却没有给出一个其背后的理由。他的逻辑是这样的:因为人的目标是成为一个自在自为（being a for-itself-in-itself）,也即是说,因为人要给自己的存在寻找合法性,他想把自己的自由（他自己）作为自己存在的根基。因此他的目标就是去承认自己的存在是自由的。然而,要使自己的自由成为自己筹划的一部分本质,人必须要去意愿。我必须承认我是自由的,承认自由是我存在（一个自己造就自己的存在）最根本的一部分——只有这样我才称得上是自由的。另外,我还得接受自由带来的责任。努力追求本真性会带来萨特所说的"存在的晕眩"（existential vertigo）。在我努力成为本真的存在的过程中,我体验到存在的晕眩,这是因为:

> ［我的］筹划是完全偶然的和无缘无故的。对其进行反思时,我们会重温这一筹划。虽然其本身还是偶然和无缘无故的,它是作为一种绝对和总体性被重温的。人之筹划同时具有这两种属性(偶然和绝对/总体性),即本质上是偶然的,同时被反思所神圣化。正因为如此,人对此的体验是本真的。
>
> （Notebooks 481）

因为要为自己和这个世界创造意义,本真的个人会承受巨大的责任。马乔里·格雷尼(Marjorie Grene)是这样解释的:"对萨特来说,［…］真正的存在是自由的,不是因为其面对的是死亡,而是因为其面对的是自己存在的无意义;也即是说,是我自己,而不是神圣的号令或者形而上学意义上的必然,才是我存在的基础"(Grene 266)。但是,由此看来,似乎本真性仅仅是对自己存在方式的承认。从本体论上说,人是自由的。因此是他/她在创造意义和价值观——但是他/她必须承认这一点。这是本真性的必要条件;而认识不到这一点就是在自欺。托马斯·安德森(Thomas Anderson)对此做出了一个非常精彩的解释:

> 没有人可以使自己或这个世界成为必然的存在。没有人可以为这个世界的存在找到一种意义和合法性,从而让这个世界据此存在而不是偶然地存在。也即是说,没有人可以成为上帝［虽然我们知道成为上帝是自为之所欲］。但是这不成问题,因为在萨特的哲学世界里人是意义的唯一来源,而人可

以自己创造出一种彻底属于人的意义。一个本真的人不但承
认这一点,并且试图这样去做。[……]本真的存在,通过接受和
证实自己是一个意义世界的自由创造者,赋予自己的人生以
意义和价值。

(Anderson, *Sartre's Two Ethics* 58)

在之后的章节中我们会看到,萨特以本真性这一根本理念为基础
来阐述自己的存在主义伦理观。本真性即是他的伦理观中的应然
(ought)。然而通往本真性的伦理观的道路上有一块主要的绊脚
石:他人的存在。在下一章中我们会看到,当把他者视作我们的自
由存在的障碍时,成为本真的存在将越发困难。

反犹者和犹太人

1944 年萨特在《法兰西信报》(*Les Lettres Françaises*)发表了一
篇题为《沉默的共和国》(*La République du silence*)的短文。在这
篇短文中他承认了犹太人所遭受的痛苦。据萨特说,在这篇短文
发表后,他收到了很多犹太人的感谢。他呼喊道:"他们一定是感
觉到自己是彻底被抛弃的,才会因为一个作者只是在文章中写下
了'犹太人'这个字眼而感谢他"(A-SJ 78)。之后萨特开始着手创
作《反犹者和犹太人》一文,并于 1946 年发表此文。萨特曾在《存
在与虚无》的结尾承诺会在将来系统地勾勒出一种伦理观,于是很
多人试图希望在此文中找到萨特对这一伦理观的阐述。即使人们
在这篇文章中找不到这一伦理观,至少他们可以发现萨特对《存
在与虚无》中的一些原则的有趣应用。而和我们这一章的主题相关
的是萨特对犹太人的体验的本真性和非本真性非常有趣的阐述。

70
萨特非常清晰地阐释了这一点:没有什么东西使一个反犹者
成为一个反犹者:

　　反犹主义是一个人对自己自由的和总体的选择,是对犹
太人和人类、对历史和社会的一个综合的态度;其同时是一种
激情和一种对世界的看法。

(A-SJ 17)

但是这样一种自由选择不是一种本真性的选择。反犹者其实拒绝
了自由,"本真的自由意味着许多责任,而反犹者的自由其实是他
逃避自由的结果"(A-SJ 32)。实际上,反犹者是痛苦的,就像所有
人一样——面对自己的自由而痛苦。萨特解释道,假定绝对的邪
恶存在于犹太人身上,并且花费自己所有的精力去与这一邪恶对
抗的反犹者,其实是在逃避要决定什么是善的问题:"每一次他的
怒火爆发都是对寻求什么是善的逃避"(A-SJ 45)。但是,像我们
看到的那样,萨特认为人从根本上是自由的,并且创造出所有的价
值。因此,反犹者的态度是非本真的;他们表达出来的恐惧是"对
人的状况的恐惧"(A-SJ 54)。

　　反犹者是非本真的。他逃离作为自由存在的自己并采纳了这
样一种世界观:价值是固定的,而他自己不过是(实现这些价值的)
一件工具。在《反犹者和犹太人》这篇文章中,萨特是这样定义本
真性的:有一个对自己所处情境有真实而清晰的认识的意识,愿意
承担这一情境所带来的责任和风险,即使感受到羞辱、恐惧或愤恨
也愿意接受它"(A-SJ 90)。反犹者需要面对这一伦理要求。但
是,就像托马斯·马丁(Thomas Martin)所解释的那样:

　　反犹者对自己所处情境的回应的最显著特征即是:他并
没有一个"对自己所处情境有真实而清晰的认识的意识"[萨
特眼中的本真性的基本条件],反而是采纳了另一种遮蔽了这

一情境所具有的挑战性的看法。所以他做出的是一种摩尼教式的回应，一种过于简单的、不负责任的和极端的世界观，一种拒绝去审视自己真实情境的复杂性的世界观。

（Martin 87）

那么犹太人又是怎么样的呢？是不是他们就比反犹者更本真地存在着呢？并不一定。一个犹太人也有可能经受不住固守自己固定形象的诱惑，又或是试图表演出一个和他人所想的不一样的犹太71人的形象。那么犹太人要怎么做才算是本真地存在？活出他作为犹太人这一情况的全部可能性，创造自己的犹太性，从而造就出自己这样一个犹太人。

犹太人的问题：一个萨特早期对压迫的分析

《反犹者与犹太人》一文的法语标题从字面上翻译是《对犹太人问题的反思》，这是一个非常有历史感的、情感非常充沛的标题——要知道在这篇文章发表的年代，欧洲才刚刚惨痛地认识到纳粹的恐怖。在萨特写作此文的时候，反犹主义是一个非常迫切的问题。因为战时纳粹对法国的占领，回到自己家乡的纳粹集中营的幸存者面对的是加剧的反犹主义。萨特所讨论的正是法国的反犹主义以及法国犹太人所处的情境。在文章的结尾，萨特引用了黑人作家理查德·怀特（Richard Wright）对美国种族隔离所下的判断："'在美国没有什么黑人问题（Negro problem），在这儿有的只是一个白人问题（White problem）。'同样地，我们必须说反犹主义不是一个犹太问题；它是我们的问题"（A-SJ 152）。萨特写了许多或长或短的、探讨迫切的社会和政治问题从而从理论上分析压迫的文章，这一篇讨论犹太人问题的是其中最早的一篇。我们会在讨论介入这一概念以及萨特自己的政治活动时（见第 7 和第 8 章）回到这一点。

小　结

　　对个人来说，自欺构成了一种无时无刻不在的诱惑：人对自己是绝对自由的并且需要负起责任这一事实的承认会带来痛苦，而自欺可以使人逃离这一痛苦。人有向自己撒谎、假装自己的行动是被限制被决定的倾向。萨特认为大多时候我们都是在自欺。即便真诚也是一种自欺，因为我们其实在表演真诚。那么本真地存在是否可能呢？对萨特来说本真性是最根本的价值，所有人都应该追求本真。本真性构成了萨特式伦理观的核心。

人与人之间的关系

在之前的章节中,我们讨论了作为一个追求本真性的自为而存在意味着什么。但除了在第3章中提到了几次他者的自由外,我们到目前为止只是在讨论一个孤立的自为。为了掌握好萨特是怎么思考个人的存在的,这样的讨论当然重要。但是一个人并不是孤立地在世间存在着的:这世间还有他人(Others)的存在。在《存在与虚无》行文到第300页时,萨特引入了他者这个概念。在此书这一部分萨特审视了他人的存在以及我们是如何在世间与他们相遇的——包括我们和他人之间的具体关系是如何展开的,而萨特最后得出的结论是我们会和他人陷入冲突。另外,萨特还解释了在与他人所发生的关系中身体所扮演的角色。事实上在此部分之前,在对自为的讨论中,萨特没有引入身体这一概念。为什么呢?因为对萨特来说当我与一个他者相遇,被其客体化为一个客体时,身体及其重要性才开始显现。我身体的真实性(我们在第2章中讨论过)通过他者的注视而向我显现。

在这一章节中,我会首先讨论他者这一概念以及什么是为他人而存在(being-for-others)。我会讨论他者那使人异化的注视以及相关的"意识之间的关系的本质……是冲突"(BN 555)。接着我会审视萨特对人与人之间的具体关系的讨论,包括他对性关系(sexual relationship)和性别差异(gender difference)的看法。最后我会谈到在一个因为他人的存在而产生出来的、异化和冲突的情况里,是否可能产生出一种伦理观。这一讨论还会延续下去,在下一个章节我们会总结萨特对人的状况的看法。但首先让我们来谈一谈萨特对他人的存在的发现。

我不是一个人:他者

在仔细揭示了自为这一存在的方方面面后,萨特转而去思考其他人类的存在这一问题。羞愧和粗俗等意识模式表明他人的存在对个人是有意义的。以羞愧为例,要使一个自为在意识中体验到羞愧,他者的存在是必需的。如果我是一个人在世间存在,我没有任何理由去为自己的任何行为感到羞愧:而恰恰是因为他者的存在我才会因为做了某些事而感到羞愧。当我做下某件羞愧的事时,这个他者并不需要亲自在场。我对他者存在的认识再加上他者有可能出现就足以使我感到羞愧。"当我向他者显现时我为自己感到羞愧"(BN 302)。

我是作为一个客体向他者显现的;我和他者的遭遇是我们身体的遭遇。当我碰见某个人时,首先是一个特定的时空里两个身体物理上的在场。我是一个肉身化的意识,而且我遇到了另一个人的身体。这具身体可能向我打招呼,也可能不,可能注视着我,也可能不;这是一具由意识所"栖居"的身体:他者的意识。萨特认为在自为和他者之间有一个不可化约的距离:我是通过身体和他者相遇的,但同时身体成为我接近他者的意识的障碍。我和他者之间的关系是外在性(exteriority)的。我是他者的一个客体而他者也是我的一个客体。"他者[…]在某种意义上是我的经验的彻底否定,因为对他来说我不是一个主体而是一个客体"(BN 310)。然而这种客体性是非常特殊的:我不是真的成了他者的一个客体。这个他者在自己的世界里把我当作了客体,正如我在自己的世界里把他客体化了,但同时,我们都知道我们打交道的是一个和树或者桌子不一样的客体。那么这个不同到底在哪里呢? 就像我可以看到这个他者,他者也可以看到我。他是一个注视着我的"客体"。

注视

在解释我们是如何总是被注视的时候,萨特举出了可能是他最广为人知的例子之一:偷窥狂的例子。"让我们想象这样一种情况,出于嫉妒、好奇或者邪恶,我把耳朵紧紧贴在门上并通过钥匙孔往里看"(BN 347)。这一刻此人所造就的自己是一个透过钥匙孔往里看的偷窥狂。这一刻,他的整个世界由他自己和他所看到的门那头的人事物构成。整个情境与他息息相关,他是这个情境的意义的唯一来源。事物通过他获得意义:钥匙孔是偷窥的工具,而房内的活动好像就是要被偷窥狂所看到的。

但是,突然有什么东西打破了这一脆弱的平衡:"[…]我听到了大堂里传来的脚步声。有人在注视着我! […]我现在作为**我自己**(myself)为我的非反思意识所存在。这一自我的涌现常常被描述为:我看到我自己因为有人在看我[…]"(BN 349)。他者的出现扰乱了事物的秩序。我成了他者在世间的一个客体。如果真的有人在大堂里并且正注视着我,那么我就是他世界里的一个客体。如果有人正要进入我在偷窥的房间,那么我就是他路上的障

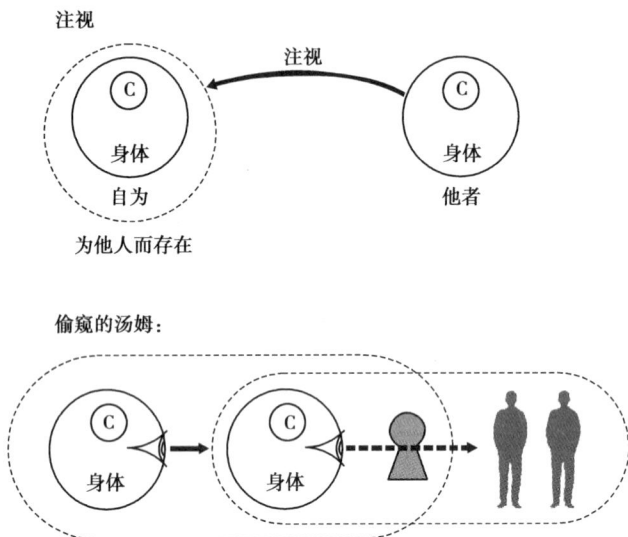

图 2

75 碍。这个抓到我正在偷窥的人会对我下一个判断:"这里有一个偷窥狂"。我被客体化和本质化为一个偷窥狂。他者看到的是我的身体,向前倾着,眼睛在往钥匙孔里看。我可能认为自己和自己的行为是正确的(比如说,我怀疑我的伴侣欺骗了我,因此我感觉我正在发掘真相),他者的出现意味着一种对我的存在和举动的新阐释。

有趣的是,萨特认为他者并不需要亲自在场。我所听到的"脚步声"可能仅仅是老房子的木质地板碎裂的声音。但这只排除了他者在场的"真实性"。感觉到被注视的体验揭露了他者是为我而存在的,不管他是不是真的正在走廊里注视着我。

他者可以随其所欲,自由地赋予我任何意义。作为一个自为,他者是自由的,凭着自己的喜好赋予事物以意义。他者对我的注视让我知道我其实对一部分的自己没有控制权:我的为他人而存在是由他人所决定的。在他者的世界里,我只是一个客体,由他的筹划所规定,有着一定的意义,而对此我什么也做不了。他者的出现让一切都不太对劲了；我成为了一个客体，而我的世界被瓦解了，去成就他的世界。我的可能性，还有我在我所处的情境中所使用和理解的工具，都根据他者所处的情境被重新理解，他们成了他的情境：

> 那个在我面对工具时组成我的"工具-可能性"的集合，被他者所超越和重新组织到另一个世界。在他者的注视之下，情境逃离了我[……]我不再是这个情境的主人。
>
> （BN 355）

就好像是那个他者把我的世界偷走了。但不仅仅只做了这些：他还影响我的存在，我不再是我自己。当我一个人时，当我处于自己的世界的中心时，我是我所不是并且我不是我所是。但是，当他者出现时，我获得了一种存在：我是某人或他人，而这个我所是的某人并不是我自己造就的。这个存在是我的"为他人而存在"。它是：

76

> 我的"我作为客体"（Me-as-object-[it]）并不是一个和我脱离关系的、在一个陌生意识中存在的形象。它是一个绝对真实的存在，我作为我的自我遭遇他者和他者的自我遭遇我的条件而存在。
>
> （BN 380）

这一"为他人而存在"并不是我造就的，但是我必须为此承担起责任来，因为这很明显是我存在的一部分。他者是一个异化他人的人物，他把我和我的世界给扔掉了，让这个"为他人而存在"出现，把这个世界变成他自己的。这个与他人的遭遇起初看起来并不令人愉快，因为我对事物"失去了控制"。

"他人即地狱！"

我们之前说过，和他者的遭遇是两具身体的遭遇。我和一个客体在世间相遇，而这个客体是一具肉体，这也意味着其还带有一个意识。萨特认为我的感官体验使我可以察觉到他者的身体。不管是多么令人不悦，这一遭遇仍旧使我更了解自己：我首先作为身体存在（肉身化的意识），接着这一肉身化的意识碰到一个他者，而这个他者让我知道我的身体是一个客体。"和他者的遭遇会带来震惊，这是因为我发现自己的身体在我之外、在他者那里是作为自在而存在的，我的身体的存在是虚无的"（BN 461）。

通过分析和他人之间的具体关系，萨特得到了这样一个严酷的结论："意识之间的关系的本质……是冲突"（BN 555）。

波伏瓦的《不速之客》

在她发表的第一部小说《不速之客》中，波伏瓦探索了人与人之间的关系这一问题，更具体一点说，是他者是有意识的存在这一问题。小说的主人公弗朗科伊斯（Françoise）面临着夏维尔（Xavière）的出现这一问题。因为弗朗科伊斯、夏维尔以及弗朗科伊斯的人生伴侣皮尔（Pierre）陷入了一段三角恋，事情被搞得非常复杂。两个女人之间的嫉妒和竞争隐藏着这样一个问题：另一个意识知道关于自己的一个"秘密"。小说的题词引自黑格尔："每一个意识都致力于他者的死亡。"小说以夏维尔被弗朗科伊斯谋杀而告终，从而说明了人与人的关系的本质是冲突，呼应了黑格尔的断言。但小说和波伏瓦之后关于伦理的写作以及她著名的《第二性》却截然不同。在后来的这些作品中，波伏瓦转而强调了含糊的主体间性（ambiguous intersubjectivity）这一概念，以及要活出人的全部（to flourish as a human being）则人总是需要一个作为自由意识的他者这一事实。她最终离开了萨特式的立场。

因为他者知道我的一个秘密,知道我的一部分是作为自在而存在的,而且我对此无能为力(我是他的客体),那么在和他的关系中,我有两种态度可以选择。第一个是试图去超越他者的超越性(to transcend the Other's transcendence),即否认他者的自由;而第二个是试图去内化,即尝试去捕获他者的自由。两种选择都是想要瓦解他者。因此爱、语言以及受虐的关系(第一种态度),还有冷漠、欲望、仇恨以及施虐的关系(第二种态度),都是自为想要从由他人所引起的异化状态中解放出来的尝试。萨特继续解释说,同样的,他者之所以会与我展开上述的关系是因为他也想要把自己从我这儿解放出来。这些关系和态度都是相互的,并且表现出人之间的关系的本质是冲突。

你要的就是爱?

在《存在与虚无》中,在"与他人的具体关系"这一章中,萨特解释了我们在原初的冲突这一条件下是如何与他人展开各种关系的。他认为这些关系被我对自己的"为他人而存在"(即我在他人眼中的我)的态度所制约:他者注视着我;我可以试图否认自己被注视着。如果我把他者变成一个客体,我毁灭了这一注视以及我在他者眼里的客体性。或者我可以试图去捕获他者的自由,去俘虏他的自由,去征服他的自由。萨特是这样说的:

> 他者注视着我,他知晓了我存在的秘密,他知道了我是什么。因此我存在的深刻意义离我而去,被缺席所囚禁。[…]只要作为自由存在的他者是我的作为自在而存在的基础,我就可以试图去恢复这一自由,去占有它而同时又不磨灭其作为自由的特性。实际上如果我可以让我自己去认同那作为我

78

> 以自在而存在的基础的自由,我应该就可以成为自己的存在
> 的基础。

(BN 473)

　　读者可能还记得,这恰恰是自为的欲望:成为一个自为自在(for-itself-in-itself)(详见第2章)。因此,为了实现这一根本的、本体论意义上的渴望,人会投入爱这一关系中。

　　在此我们会讨论萨特举的例子中的一个:爱。爱是人之间最基本的关系之一,对萨特来说,爱是试图同化他者自由的尝试。因为我永远不可能真的接触到他者的意识,我和他者的结合是不可能的。但是我可以尽我最大的努力去给他者的自由下一个"魔咒",从而使我们之间亲密得就像快要融合在一起。这一结合对萨特来说是爱的最理想的境界,但是同时这一理想境界是不可能达成的。我们爱一个人时针对的是他者的自由,这一自由即他的意识。因此爱人的目标不是把他者作为一个客体来占有,真正的目标是他者的主体性。他者的自由(其能够表演出自己被征服)才是真的目标。在这样做的同时,爱人使自己成为了被爱的人的自由的极限。我希望他者能认可我是他自由的极限。接下来萨特的讨论更加有趣。想要被人爱是因为想要获得一种安全感。我想要"安全"地存在于他者的意识中。想要被爱其实就是想要驯化他者的注视——那个客体化我、让我的世界分崩离析从而使我处于危险之中的意识。如果我被人爱了,我就不再是他者的工具了。他者与我的真实性遭遇,即我处于具体情境中的身体,不过如果他爱着我,我对他来说就不再仅仅是一个客体。萨特是这样说的:

> 从这一角度[即第一种态度]出发,我必须要让自己的存

在逃脱我爱的人的注视,或者成为另一种不同结构的注视的
客体。我必须不让自己仅仅是这个世间的客体中的一个,相 79
反,这个世界必须以我的方式显现。如果说自由的涌现造就
一个世界,我必须成为这一涌现的极限条件,成为一个世界涌
现的条件。

(BN 481)

如果我是被爱着的话,他者的注视就不再使我石化了:这也是我们
寻求被爱的原因。爱"拯救"了我的真实性,并把我从异化中拯救
出来。爱之所以拯救了我的真实性是因为他者对我做了一个绝对
的选择。因此他者正当化了我在世界中的出现。之前萨特已经解
释了我在世间的出现是没有正当性并且是完全偶然的,那么他者
可以为我做的就非常重要:他者所做的选择可以减轻我的痛苦。

因此,我们寻求被爱的举动背后有着非常正当的理由:爱把我
们从异化里拯救出来并且正当化我们的存在。那么我们是怎么从
他者那里获得这一拥有拯救之力的爱的呢?这就是引诱的问题
了。引诱是通过把自己造就成一个吸引人的客体来征服他者的意
识的尝试。我客体化自己,从而试图通过自己这一有引诱力的客
体来捕获他者的主体性。悲伤的是,这一引诱是注定要失败的。
还记得我们的"为他人而存在"是不受我们所控制的吗?在客体化
自己来引诱他者的同时,我对他者会怎么看我无能为力,我的表达
的意义还得由他者来决定。我并不知道在他者眼中我的语言和身
体是怎么样的,我可以试图对此进行操纵来捕获他者,但最后还得
由他来决定这一切。

在对引诱的讨论中萨特最后的结论是,着迷(fascination)和爱
不是一回事。一个人可以为一个客体着迷,但这并不表示他一定

就爱着这一客体。因此,仅仅靠引诱是不够的。对萨特来说,去爱人同时是一个试图被人爱的筹划。但这同时也带来了一个问题:

> 这个爱人(lover)以一种完全不同的方式被俘虏。他被自己的需求所俘虏,因为去爱人意味着有被人爱的需求;他是一个自由的存在,他想要在外部为自己捕获一个身体,也就是说他只是模仿着飞向他者的一个自由存在,一个为自己异化负责的自由。这个爱人,由于他想把自己变成一个让他者爱着的客体,把自己的身体变成了为他人而存在的了,从而让自己的自由被异化了;也就是说,爱人的存在有一个飞向他者的面向。
>
> (BN 488-9)

80　因此,异化的自由是比较理想的爱的关系。在一段关系中,每一方都希望成为一个客体,从而使另一方的自由异化。爱人的人希望对方也爱自己:

> 每一方都希望另一方爱自己,但是都没有考虑到这样一个事实:去爱意味着希望被爱,因此,当希望对方爱自己的时候,他想要的只是对方也想要被爱。
>
> (BN 489)

在这一过程中,我们追求的是一种意识之间不可能的融合。他者这一问题以及我的"为他人而存在"这一问题都没有得到解决。更有甚者,无论我们在这一段爱恋关系中得到什么,我们永远处于会失去这些东西的危险当中。他者可能突然会觉得我不过是一个客体,而我也有可能这样对他者做,而结果就是我们之间的情谊毁于一旦。还有这样一种情况:一个第三方会通过注视两人来客体化他们。最后萨特得出的结论就是爱是脆弱的,追求爱情是徒劳的。

我们在之前讨论过的萨特的戏剧《禁闭》很好地表达了这一点。三个主角格辛、艾斯特拉以及伊内斯死后来到了地狱,在那儿他们是任由他者摆布的。被关在一个屋子里,他们不能睡觉或者闭眼。格辛进入这个房间后意识到的第一件事就是在此之后他会一直睁着眼睛"活着"。在他人在场的情况下,我们是不可能逃脱他者的注视的。于是,"我们每个人都在折磨另外两个人"(No Exit 17)。他们注视着彼此,看到彼此,但是就像萨特所解释的那样,他们对自己在别人眼中的形象没有控制权。艾斯特拉是非常在意别人对她的看法的,因此在伊内斯的注视下感到非常焦虑:"我马上要笑了,我的笑容会沉入到你的瞳孔中,天知道它会变成什么"(No Exit 20-1)。随着故事的进展,讨论和争吵接踵而至,而格辛和艾斯特拉试图针对伊内斯组成一个联盟。但是这样的联盟是注定要失败的,因为就像伊内斯提醒他们的那样"我在这,在看着你们。我的双眼不会从你的身上离开的,格辛。当你亲吻她的时候,你会感觉到这双眼睛正死盯着你看"(No Exit 35)。戏剧进展下去后,她坚持道"我正看着你,[…]我一个人就像一群人一样"(No Exit 45)。认识到结盟是不可能的,而人总是会注视着他者而且被别人所注视和客体化后,格辛喊叫道:"根本不需要什么烧得红热的火棍,他人即地狱!"(No Exit 45)。可能有人会指出几个主角间是一个三角关系,而三角关系总是永远有问题的,从而来解释这部戏剧表现的困境,但是萨特认为任何人与人之间的关系——包括爱人之间的亲密关系——都是注定要失败的。

81

性关系：对性别的看法

人们可能以为人与人之间最亲密的关系——比如爱和性关系——是有潜力发展成积极的和非冲突的关系。但是萨特勾勒出了一个不同的画面：性和爱的关系也不过是引诱和捕获他者的意识和自由的尝试。人们把自己的身体客体化，用它来做引诱他者的工具。我把自己的肉体造就成一个吸引人的客体去俘获他者，但我们别忘了不同的意识之间有着不可化约的距离。人们所能遭遇的最终不过是他者的身体。欲望的目标是他者的意识，但那一意识总是肉身化的；他者的身体是对其意识的揭示，因此成为了欲望的目标。肉体间的遭遇即是作为有性征的身体（sexed bodies）的意识间的遭遇。萨特是怎么处理自为的性向（sexuality）的呢？他对性差异（sexual difference）又有什么看法呢？

萨特解释道，我们对性的态度是我们其他人生态度的基础，而性取向也是自为涌现的基础。人从一开始就是性的存在（The human being is sexual from the beginning）。对萨特来说，我们作为性的存在为彼此而存在。尽管萨特承认这一点，并且愿意把人定义为首先是性的存在，但他并没有更进一步地承认性差异。他认为自为从根本上是性的存在，但并没有触及性（sex）和性别（gender）之间的关系，或者一个人的性是如何影响其存在的方式的。如果意识总是肉身化的，那么这具身体的性必定对存在是有影响的。萨特在讨论欲望的时候解释道，当我欲望的时候，我揭示了"我'作为性的存在'和他'作为性的存在'，我作为性的身体和他作为性的身体"（BN 500）。然而，这一对性的揭示却很奇怪的是非性的（asexual），因为萨特并没有探讨性差异意味着什么。另外，在他对意识的性向的讨论中，性向仅仅是背景性的。于是对萨特来说似乎人的性向真的很重要但同时它又无关紧要!

当萨特在讨论性差异时,他并没有从哲学的角度来分析它们;相反地,他对性的看法似乎是流于刻板印象的。其实萨特对性的讨论是可以免于刻板印象的,因为至少在讨论男性性器官的被动性的时候,他似乎是超越了一般意义上的流俗之见。一般的刻板印象告诉我们,在性交时,女性是被动的而男性是主动的。但是萨特在讨论交配时却提到了阴茎的被动性。对他来说,我们的整个身体,作为肉身化的意识,调动了性器官。性器官本身是被动的,并不能靠自己运作。阴茎和阴道都是被动的。但是当萨特把女性性器官称为洞的时候,他就又回到了性歧视的刻板印象。

对萨特来说,这些洞是"存在之吸引力"。意识察觉到它们"必须被填充"。他认为当碰到洞时,每个小孩的"自然"天性是把自己身体的某一部分插入到洞中去填充它们。而根据萨特的分析,吮吸拇指的行为也成了自为通过填上嘴巴这个洞从而成为一个完整的存在的举动:

> 洞最初是作为要用我的肉体"去填充"的虚无而显现的;小孩子总是无法抑制地把他的手指或整个手臂放到洞里。洞作为我的一个虚无意象向我显现。

(BN 781)

对萨特来说,女性的性器官就是那样的一个洞,吸引着肉体——更具体点是男性的肉体——去填满它。

> ### 黏液
>
> 　　萨特把女性性器官描绘为洞,但同时它有着分泌黏液的特性。萨特认为意识对黏液的反应是恶心。因为黏液是处于自在和存在之间的中间状态,对意识来说这意味着它有可能被溶解成自在。尽管这一可能性是有吸引力的——因为我们有着成为自为自在的欲望,但自由的意识对自己有可能被黏在黏液里感到害怕。对萨特来说黏液是"自在的报复",而冒着风险触碰它的人会有"被溶解成黏液的风险"(BN 777)。对意识来说,对黏液的恐惧和对凝滞(stagnation)的恐惧一样:黏着人的黏液状的实质阻止了人的涌现。作为一个筹划和一个超越自己的存在,黏液的黏性令人害怕。因此,对男性意识来说,惧怕女性有两个原因:阴道是一个想要吞噬他的洞,而其所分泌的黏液会吞下和阻碍意识超越性的移动。

83

　　下面一段对性向的讨论充满了男性沙文主义和性歧视,这段话也常常受到女性主义者的批判。这段讨论把阴道描绘为一个威胁着男性存在的洞:

> 　　女性(feminine sex)的污秽之处(obscenity)在于那些所有"大大裂开"的东西。就像所有的洞,它对存在有着吸引力。女性对一具陌生的肉体有着吸引力,这具肉体通过插入和瓦解把她变成了一种完整的存在。而女人知道自己是有吸引力的,因为她是"以洞的形式"存在着的。这即是阿德勒综合症(Adler's complex)的真正来源。毫无疑问,她的性是一张嘴,一张贪吃的、会吞噬阴茎的嘴——这一事实很容易就让人想到阉割。情色的行为是对男人的阉割;究其原因还是因为性

是一个洞。这里我们要说到那个在性化之前(pre-sexual)的存在,它最终成了作为经验的、复杂的以及人类态度的性的一部分,但它并不是被性引起,它和我们在第三章中解释过的基本的性向没有任何相似之处,但当幼儿看到现实时,其对洞的经验仍然包括了性经验的本体论意义上的前感觉;孩子是用自己的肉体去填洞的,而洞在变成具体的性征之前,是一种污秽的期待,一种肉体的吸引。

(BN 782)

女性主义者对萨特的批判

尽管女性主义者对萨特持强烈的批判态度,控诉他的厌女症,他带有意识形态的性歧视,以及他的父权存在主义(因为他对洞和黏液的讨论),而波尼·巴斯托(Bonnie Burstow)等一些学者认为萨特只带有"偶然的性歧视"(incidental sexism)——而在他那个时代的男性的作品中出现这些是可以理解的。她们认为对萨特的批判显得有些过分严厉了。更有趣的是,诸如菲利斯·莫里斯(Phyllis Morris)和琳达·贝尔(Linda Bell)等女性主义学者挪用了萨特的哲学来重新思考压迫的本质。他对自由的构思,他对他者压迫和客体化的分析,都被很好地用作理解、揭露和批判对女性的物化(objectification)的工具。对准备如此挪用萨特的女性主义者来说,《存在与虚无》和《反犹者和犹太人》都是很好的文本。就像朱莉·S.莫菲(Julien S.Murphy)强调的那样:"这两篇如此强调自由和压迫的文本,其实与女性主义者关于解放的理论互相呼应"(Murphy,8)。

84

从萨特的描述中我们似乎可以看到,男性的筹划是通过性行为来成就自己的存在,这一筹划也包括了牺牲自己的肉体去把洞填充住。相反地,女性只是等着被填充并企图捕获男性的肉体。这导致了人之间是很难有和谐的关系的,并再一次强化了人与人之间的具体关系总是冲突性的这一观点。

伦理的问题

现在看来人与人之间的关系的本质的确是冲突性的。萨特是这样解释这一情境的:他者的涌现让我的世界与我疏离,他者对我来说是个威胁。人与人之间譬如爱和性等亲密关系也不外如是。如果这是真的,即自为之所以与他人展开各种关系是为了控制或毁灭他者的自由,从而把自己从他者的令人异化的意识中解放出来,那么道德伦理还有可能吗? 如果意识之间有且仅有斗争,那么由此出发我们不可能得到一种关于自由和本真性的伦理观。萨特说过自为必须努力追求本真性。就像他会在《伦理学笔记》中说的那样,追求本真性包括愿意让他者也是自由的。另外,尽管萨特没有提出我们行动时应该要遵守的准则,他却的确有提到自由这一根本的价值观。我们必须从自由和对自由的发展出发来做出任何伦理上的决定。我的目标必须是自由地行动,但同时我也必须力图发展他人的自由。但对我来说,意愿他者的自由 (willing the freedom of the Other) 意味着意愿我的异化,而我的异化对本真性的追求却没有什么帮助。于是我们的讨论似乎钻进了一个死胡同。

事实上直到他的后期作品,萨特才成功地勾勒出一种真的意愿他者自由的伦理观。在他作为一个存在主义者的时候,他着重于个人对于本真性的追求,即人对自己自由的承认。在接下来几章中我们会看到,萨特的观点是如何逐渐发展的,他是如何开始在

文学和政治——一种试图让所有人自由的政治——中提倡介入
（commitment）的。

小 结

　　在这个世上我不是独自一人：还有他人的存在。当我和他
者遭遇的时候，因为他者把我看作他世界中的一件客体，我会
感觉到异化。我永远不能用他者体验我的方式来体验自己。
所以据说他者知道我的一个秘密。通过对注视的分析，萨特解
释了一个他者的在场是如何绝对地和根本地影响了我和我的
世界。因为我被他者所客体化并且感觉到异化，我和他人的关
系是腐坏的：冲突是我们和他人关系的本质。对萨特来说，"他
人即地狱！"。即使是爱——这一我们可能会认为是免于冲突
的人与人的关系——也不外如是。在爱的关系中我们为了逃
离异化从而试图捕获他者的自由。萨特对性别和性关系的看
法也同样消极，同时他把两性对立起来的看法也流于刻板印
象。萨特对人与人之间关系的消极看法使他很难勾勒出一种
合理有效的伦理观。

伦理和人的状况

现在是时候让我们暂停一下,去尝试把之前讨论过的各种话题串联起来。萨特的哲学观点很复杂,要把这些不同的观点梳理清楚不是一件容易事。作为读者,你可能早就从先前章节之间的多次互相指涉中感觉到了这一点。本章会根据萨特在1940年代的作品中勾勒出的存在主义哲学,把所有这些观点串联起来,并进一步讨论伦理的问题。

萨特关于伦理的写作

在他的公开演讲《存在主义是一种人道主义》中,萨特第一次处理他从《存在与虚无》中的本体论立场发展出来的伦理问题。在《存在与虚无》一书的结尾,萨特承诺他会在自己的下一部作品中发展出一种伦理观:"所有的这些问题,把我们指引向纯粹的而不是附属的反思,而我们只有在伦理的层面才能对它们做出妥善的回答。我们会在未来用一本专著来讨论它们"
（BN 798）。但是这一承诺一直都没有实现。萨特于 1947 到
1948 年写作了《伦理学笔记》，然后就放下了这一工作。十部笔
记中的两部在 1983 年于萨特身后发表。萨特在 1940 年代末提
到了他对伦理学这一工作的放弃，"我那十大本伦理学笔记是一
次失败的尝试。[……]我没有完成是因为……设想出一种伦理
观太难了！[1]"在 1960 年代萨特再次尝试去发展出一种伦理观。
他写作了两份详尽的笔记，一份于 1964 年 4 月在罗马的一个会
议上发表，而另一份是为于 1965 年 4 月在康奈尔大学举行的一
系列会议而作（为了抗议美国在越南的作为，萨特最终没有去康
奈尔）。这两份笔记展现了一种围绕自由这一概念的"辩证伦
理观"。

87

所以在这一章我会重访自由、责任、痛苦、情境性
（situatedness）、他者的存在以及异化等重要的概念。我也会重新审
视萨特观点中本真性这一伦理理念。我会试图勾勒出萨特从对
《伦理学笔记》的放弃，到对《什么是文学？》的写作，再到他对介入
（commitment）的信奉这一思想路径。这样我们就可以在本书最后
两章更好地讨论萨特对介入和政治的看法。

处于具体情境中的人类

我们已经知道，对萨特来说，人是有意识的，人存在着。我作

1 　本书作者对"J'ai rédigé une dizaine de gros cahiers de notes qui représentent une
tentative manquée pour une morale. […] Je n'ai pas achevé parce que … c'est
difficile à faire une morale!"的翻译（Sartre et Sicard, "Entretien. L'écriture et la
publication" 14）。

为一个被投入世界中的意识存在。没有人把我放到这样一个位置:没有一个计划此事的上帝,我在世间出现的背后也没有什么意义。事实上我通过和世界的互动,赋予世界以意义。作为一个肉身化的意识,我与这个世界打交道并且诠释这个世界。我一直筹划自己,赋予自己的人生以意义。我所有的行动和决定都根据我对自己的筹划而定。这一切之所以可能是因为我是一个自由的意识。我作为一个自由在世间行动。萨特坚持认为我们的自由是绝对的:我并不被任何事所决定,我没有任何本质,我可以自由地造就自己。在坚持我们是自由的同时,萨特认为绝对的自由也意味着绝对的责任。我自己造就自己,我也必须为自己的选择承担起责任来。我对自己具有完全的责任,我也总是自己行为的真正作者。但就像我们看到的那样,我总是受到通过自欺来逃避我的责任这一诱惑(详见第 4 章)。

88

打个比方,如果我所选择和造就的自我是一个道德上有缺陷的人,我可能会责备除我之外的所有人和事。因此我总是受到自欺的诱惑,转而去相信是别的人和事造就了现在的我,我只是在遵循一套超验的价值观(萨特在否认了上帝的存在的同时也否认了这一点)。比如,咖啡馆的男侍者(见我们在第 4 章的讨论)是在扮演一个侍者。他向自己隐瞒了自己是自由的这一事实,并且尽管表现得自己是有选择的,他假装自己没有任何选择:他忠诚地表演着一个为他决定好的——而不是被他所决定的——角色。你可能还记得萨特甚至认为我们总是在自欺——即使我们是处于真诚这一状态时我们也还是在向自己撒谎。对强调本真性的萨特来说,这使他很难发展出一种完善的伦理观。

我是在世间的自由意识。这一意识是被肉身化的。而这具身体是我存在的真实性。它在某种程度上决定了我,因为我并没有选择它。我作为意识和一具有各种特性的女性身体存在。尽管我没有选择这一身体，由于我是绝对自由的，我可以选择这具身体对我的意义以及我如何在世间生存。同样地，我在一个不是我选择的具体情境中出生，但我可以选择这一情境对我的意义。如果我是残疾的，我可以给我的残疾赋予自己想要的意义；即使我出身于一个贫困的环境，我也仍旧可以决定这一社会经济状况的意义。

这个世界到处是他人。就像我们在第 5 章看到的那样，他者的出现使我异化。他者把我的世界偷走：他知道我的一个秘密，把我客体化，不是试图引诱和捕获我的自由，就是想要控制和摧毁它。他人的存在是人的情境最根本的一个部分。没有人可以逃离和他者的冲突性的遭遇。面对他者的威胁，解决如何为自己的人生选择一个有伦理道德的立场这一问题显得非常迫切。在追求本真性和自由的过程中是否可能排除他者的干扰呢？

就像我们看到的那样，人的处境是非常痛苦的：我完全为自己负责，我被抛入到这个世上，独自一人；我的出现和世界都是完全偶然的。他者的出现也是偶然的，但其使我异化。似乎如果我不是自由的，或者对自己撒谎，我可能就会好过一点。但这不是萨特的观点，他认为去实现我们的自由以及去面对我们的"状况"是我们道德上的责任。

苦闷的归来！

说到和苦闷打交道以及沉浸在自欺之中，很多萨特笔下的文学人物都是很好的例子。有些人对自己的状况有非常清晰的认识，因而表现得如同自由的存在主义英雄。在之前的章节中我们已经看到过几个这样的人物了。比如罗根丁就是一个发现了包括自己在内的存在都是偶然的人。受恶心所困扰，他从而理解了自己是什么样的存在,知道为了逃离自欺和成为自己人生的主人他应该怎么做。为了正当化他原本在世间没有正当性的存在,罗根丁决定通过写一部小说来创造意义和价值。在得到这一"存在主义启示"之前,罗根丁非常痛苦并且感觉到意义的流失。萨特对罗根丁的痛苦和绝望的深刻描述点明了人类的困境。小说的结尾也暗示了每个人应该走的道路。

他的戏剧《魔鬼与上帝》的主人公戈茨也同样地选择了去创造意义和价值,虽然他选择的是一条非常实际的道路。我们在第2章中讨论过他是如何转向无神论、承担起自由和责任的。类似地,在《自由之路》三部曲中,马修认识到他必须为自己的行为承担起责任来。经过数年要成为一个超然的(detached)、不介入(non-committed)的自由存在的尝试后,他认识到超脱于世的、不承担责任的自由是有缺陷的。《苍蝇》这部戏剧中,俄瑞斯忒斯对自己的存在也有非常清晰的认识。他知道自己是绝对自由的而且对自己要负全部责任,而他也正是这样做的。

这些人物都是萨特在阐述自己对痛苦的自由的认识时创作的。所有人物都以自己的方式说明,绝望和痛苦不是萨特哲学的终点。一个本真的态度是可能的,创作一种伦理学也是一个可行的计划。通过阅读萨特最后一部原创剧本我们可以更好地理解这一点。

本真性是可能的吗? 弗朗兹的事例

90

当戈茨和俄瑞斯忒斯认识到上帝之死并活出人生最大的可能性的时候,《阿托那的审判》里的人物弗朗兹却不能够承担起自己的责任来。他与世隔绝,否认自己的自由,不断地让自己接受螃蟹的审判,而这些螃蟹,作为30世纪的居民,替代了上帝成为了超验的存在。他在心灵上和肉体上都是与世隔绝的,他在自己的房间里度过一生:他活在自欺中。

《阿托那的审判》

> 于1959年首演,1960年出版,这部戏剧讲述了位于汉堡附近的阿托那的冯·古尔拉赫(von Guerlach)一家的故事。这个家庭的儿子弗朗兹把自己关在房间里。家里的每一个人都认为他于"二战"期间死去了,每个人也都假装真是这么一回事。只有弗朗兹的父亲和妹妹知道他是自己选择与世隔绝的。弗朗兹只和自己的妹妹见面,两人之间也发生了乱伦的关系。戏剧在弗朗兹父亲宣告自己即将离世的时候展开。他的儿媳决定去探寻有关弗朗兹的真相,通过充作弗朗兹的妹妹,她成功地在房间里见到了弗朗兹。随着剧情的发展,弗朗兹披露了关于他的一些秘密,观众也从中获知弗朗兹是被他在战争期间做过一件事后的内疚感所击垮:作为国防军的一名军官,在俄国前线他为了拯救自己的部下,虐待了两名敌方人员。在戏剧的结尾弗朗兹选择了和父亲一起自杀。

弗朗兹愿意相信他是被造就成他现在这样的。他认为是他的父亲、他的家庭、他在军队的职位、他在战争中的举动造就了现在的他。他是这样说的:"我们不造就战争:是战争造就了我们"(Condemned 287;我的翻译)。这是他在试图正当化自己的行动时致力于相信的。他继续说道:

> 但我从来没有选择,我亲爱的姑娘!我是被选择的。我出生前九个月他们就为我选择好了姓名、职业、性格以及命运。我

可以告诉你,这一囚犯式的轨道是强迫到我头上的,而且你应该要理解,如果这些不是极其必要的,我选择的不会是屈服。

（Condemned 84）

尽管弗朗兹一直在否认自己的自由,他却依然是自由的存在:毕竟是他自己自由选择了自己的与世隔绝。而螃蟹法庭也是他的自由创作。 91

在戏剧的结尾弗朗兹承认了自己负有责任。他不再自欺,开始接受自己过去的行为是自己造就的。的确他所处的情境在某种程度上造就了他,但是他在作出选择的时候是自由的。有趣的是,我们甚至可以说他最后的自杀是对自己自由的肯定。弗朗兹最终成功地成为了一个本真的存在。他认识到是他造就了自己,他从来都是自由的,并不被任何事物所决定。认识到这一点后,他也承认了自己该为自己的行为负有责任。因为他做过的事是不可原谅的,他得出了自己必须自杀的结论。他摧毁了他人的自由,因而是不可原谅的。弗朗兹是自由的和负有责任的。他是自己唯一的审判官,他判决自己有罪,并且处决了自己。萨特在写作《伦理学笔记》时警告我们他的伦理观是非常严格（tough）的。弗朗兹这一事例说明本真性是有可能的,但我们也同样有可能无法面对自己,而有时我们唯一可能做的正确的事就是去自由地审判自己。

和俄瑞斯忒斯以及戈茨比起来,弗朗兹是一个非常不同的人物。但是这三个人的伦理观（也包括萨特其他戏剧里的角色们）都是有关自由的。萨特的戏剧把处于具体情境中的人物展现给我们。这非常有趣,因为我们认识到的问题之一是在面对绝对自由时可能出现的情境的抽象性,萨特笔下的角色们都是绝对自由的存在,但他们同时必须作为处于具体情境中的存在而行动。在一次和《新法国》(*France Nouvelle*)的访谈中,萨特谈论了弗朗兹和此戏剧中的其他一些角色:"对我来说,这个世界造就人,人也造就这个世界。我并不想仅仅让这些人物上台,我想指出的是在特定的时刻,客观的环境是人行动的前提条件"(《Théâtre 365》)。相比起他之前的作品,看起来似乎萨特至少在他的最后一部戏剧中更加清楚地认识到了情境的重量。

92　　对于我们认定一种关于自由的伦理观要求人是本真的而言,自由是绝对的还是处于具体情境中的,这并不重要。萨特在他的戏剧中也展示了这一点。另外,萨特的戏剧还让我们知道,尽管人会面对苦闷,面对自欺的诱惑,本真性总是可能的。

自由和本真性或者破碎

我们在第 3 章中看到萨特的思想有一个重要的发展,即从他早期的绝对自由(absolute freedom)这一概念到后来处于情境中的自由(situated freedom)这一概念的发展。自由作为一个关键概念贯穿了萨特的伦理思考的始终。人生出来就是一个自由的意识,人的存在即是力争把自己造就成一个自由的存在的过程。在本体论意义上是自由的是一回事,而能够意识到自己是自由的却是另外一回事。而能够实践自己的自由则是第三件事了。在伦理领域,对萨特来说,自由具有绝对的价值。我们已经在第 4 章中看到,萨特的写作中体现出来的急迫的道德要求即是对本真性的追求。人应该是本真的存在,但就像我们看到的那样,对本真的追求就是个人承认自己是自由的尝试。自由和本真于是紧紧缠绕在一起。

人必须朝着自由以及本真这一目标前进。我们之前已经指出过,这里存在着两层困难:首先,面对自己的自由所产生的痛苦让自欺这一选择变得非常诱人;第二,他者在世界中的出现对我的自

由构成了威胁。所以即使我们摆脱了第一个障碍,第二个困难可
能会更令人畏惧。我在第 5 章已经提过,萨特对人与人之间的关
系是冲突性的这一断言对一种关于自由的伦理观来说不是什么好
兆头。这是萨特在《存在与虚无》中的立场。但是,从《伦理学笔
记》开始,萨特对事物的展现有了不同的方式。

对他者的需求

萨特在他早期的作品中已经把这一点表达得非常清楚了:作
为自由意识的个人对创造意义以及诠释世界负有责任。但是,当
我自己做这件事时,我的世界以及我赋予它的意义都是绝对地偶
然的——他们不管从哪个角度看都没有正当性。萨特在《伦理学
笔记》中争辩说,只有通过他者的介入,我才有可能使我在这个世
界的显现变得是必需的,并且为我的世界以及我赋予它的意义提
供一些根基。萨特在《存在与虚无》中认为我和他者关系的本质是
冲突,但他也说"对我来说,他者首先是一个让我成为客体的存在,
通过这一存在我获得了我的客体性"(BN 361)。他者客体化我;对
他来说我是一个客体。这可能是一个消极的现象,但是就像他后
来在《伦理学笔记》中强调的那样,这也可能是积极的。萨特是这
样说的:"通过他者,我在存在的某个方面变得更丰富了:通过他者
我得以在存在的一个面向出现,通过他者我变成了一个客体"
(Notebooks 499)。我自己是自由而痛苦的,我想在这个世界中找到
自己存在的根基,成为一个必需的存在。那个客体化我的他者可以
使我做到这一点。通过他者客体化人的注视,我的存在以及我选择
的价值能够被固定下来,在这个意义上,他者是一个"救世主"。所以
我们不应该逃离他者,相反地,我们应该主动地向他者显现,从而让
他选择我的价值以及我的存在来组成他的世界的一部分。

萨特表明,为了本真地和自由地存在,我是需要他者的。他是
这样说的:

> 他者,通过他对这个世界的工具性的积极的认可(即对其
> 加以利用),打破了内在性的循环(the cycle of immanence)。
> 对他者来说,世界的工具性是必需的,而作为世界的工具性的
> 基础,我的存在也是必需的。更准确地说,我成为了世界的工
> 具性。当他者把我的存在把握为一种"为他而在"(being-for-
> him),我成为了我在世间存在的基础。
>
> (Notebooks 540)

萨特所表达的是这样一个意思:他者把握这个世界并赋予它以意
义。在那个世界里我是一个客体。如果他者认可了我在他世界中
的位置,那么我的出现、我的行动、我选择的价值,都成为了他世界
中的客体。因为另一个意识,这些东西的存在都有了根基和正当
性。只有一个自由的他者才可以做到这一些;只有一个自由的意
识才可以赋予一个世界以意义,并且认可他者在这个世界中的出
现。这也意味着,我必须积极地去使他者以及我自己成为自由的
存在。

这里的关键是认可我和他者是自由的。他者用与我一样的方
式在世。当我是他者世界中的一个客体时,并且:

94   如果[…]他让我作为一种自由而存在,同时也让我作为
一个存在/客体(Being/object)而存在,如果他使这一自主的时
刻实现,并且让我一直在超越的偶然性成为主题,那么他丰富
了我和这个世界,并且在我主观地给予自己的存在以意义之

外,他又给予了我的存在以意义[…]

(Notebooks 500)

我可以随意给予自己的存在和自己的世界以意义,但是如果他者可以通过他的存在以及对我存在的认可来对此作出贡献,那么我的存在将有更坚实的根基。

意识给予存在以意义,并把它从荒唐中拯救出来(我们在第1章讨论过这一点),但我仍然需要他者来客体化和证实这一意义。他者因此补足了我的存在,确认了我创造出来的意义和合法性。只有在他是自由的,并且在愿意回应我的呼唤的情况下,他才会这样做。那么问题是:在我们是任由他者摆布的这一前提下,我们怎样才能强迫这个自由的他者去认可另一个自由的意识呢? 答案是这样的:认可我是自由的存在对他人来说也是有利的。他者也在追寻合法性和客体化。这是一种权衡:你认可我,我认可你。波伏瓦在她的《皮洛士与齐纳斯》中对这些观点作了探索。在这篇文章中她指出,一个独自存在于世间的人,他的各种目标都是无价值的,因此他将没有动力存在下去。幸好我们不是独自存在于这个世界上,我们可以求助于他人。波伏瓦解释道,为了让我们的求助和呼唤不至于徒劳无功,我们必须让他人成为我的"自己人[…],在我身边一定有愿意倾听的人,他们一定是我的同伴(*Philosophical Writings* 137)。同伴是作为自由意识被认识的。托马斯·C.安德森(Thomas C.Anderson)是这样总结的:

> 因为上帝已经死了,就像其他所谓的客观价值,所以人为了给自己的存在找到意义和价值,他必须完全地依靠他人的自由。人从根本上欲望一种正当化的存在,以及自己的存在

是有正当性的这一信息，这也意味着他希望被所有人自由地和积极地认可，而他也希望这些人都成为自己的同伴。因此逻辑的一致性要求，人不但要重视他人自由的价值，还要帮助他人成为和自己一样的自由的存在。

(Anderson, *The Foundation and Structure of Sartrean Ethics* 89)

《伦理学笔记》中所表达的观点和《存在与虚无》中的截然不同。萨特为什么放弃了《伦理学笔记》所代表的这一伦理学计划呢？他是95 不是认为这是他思想太过重要的一次转变呢？他是不是觉得从和他者的冲突到向他者靠拢这一转变是不可能的呢？还有一种方法可以为向他者靠拢这一思路辩护，即把自由当作一种根本的价值来思考。

一种关于自由的伦理观

萨特的整个哲学体系围绕自由这一核心概念。他的伦理观把自由当作一个根本的价值，并且把作为自由的人的发展当作本真性最理想的体现。所以可以说萨特的伦理学的目标是人的发展，而只要人认识到自己和他人是自由的，这一发展就是有可能的。萨特的伦理观以人的发展为目标，因此是一种人道主义的伦理观：它以个人为中心，否认任何超验领域或价值的存在（我们在第 2 章中讨论过萨特的无神论）。

萨特的伦理学不强调人行动所应遵守的规则；它完全没有涉及对人在做决定时应该遵循的伦理规则或指导方针的讨论。它让人自己来选择价值。人在面对自己的自由时可能已经非常痛苦，还要选择价值可能会让他更痛苦。在《存在主义是一种人道主义》中，萨特提到了一个向他寻求意见的青年学生。面临战争，这个青年学生有两个选择，或是去巴黎投靠和帮助他的母亲或是去英国参加反抗军。他向萨特征求意见。萨特是这样回答的：

> 你是自由的，选择吧，也就是说，创造吧。没有什么伦理观可以告诉你应该怎么做；这个世上没有什么征兆。天主教徒会回答，"但是明明有啊。"就算有吧——但是**无论如何，是我选择了这些征兆所具有的意义**。

(EH 28)

另外，当这个年轻人决定向萨特而不是其他人征求意见时，他其实已经做出了一个选择。而作为存在主义者的萨特只会让这个年轻人自己决定该做什么，毕竟不管他提出什么建议，最终都由这个年轻人来选择或者拒绝。

波伏瓦认为存在主义伦理观"并不能比科学或艺术提供更多药方。我们能做的只是提出一些方法"（Beauvoir, *The Ethics of Ambiguity* 134）。萨特的观点与此类似，但这绝不表示萨特的伦理观没有一个指导方针。事实上，有这样一个根本的原则可以被用来指导我们的道德生活：对自由的尊重和发展。我们可以根据之前对萨特哲学的讨论来阐述这一原则：所有能肯定、尊重和发展自由的行动都是好的；所有否定和摧毁自由的都是坏的。每个人都要靠自己在具体行动中决定自己的意义。在面临是否要帮助我的邻居的选择时，我必须为自己决定什么才是对发展我的自由更有利的。这并不是一件容易的事，却是我唯一能做的。不要期望从萨特（或者任何人）那里得到行动的具体准则。人是自由的——可以自由地选择，自由地赋予意义，自由地发展自己和他人的自由，或者自由地不去做这些事。所有这些都依靠我们的自由。而正因为如此,没有什么绝对的道德义务,除非人为自己确立了一个。

衍生的意义

为了去本真地存在,去实现自己的自由,人需要积极地为他人的自由而努力。这意味着人必须去超越意识与意识之间在本体论意义上的冲突。这可能吗? 萨特笔下的一些人物让我们看到这是可能的,那个最根本的道德原则是有用武之地的。在《自由之路》中,马修最终通过介入向他者靠拢。在《苍蝇》中,俄瑞斯忒斯决定让苍蝇来追逐自己从而解放了阿贡斯的人民,这一决定也发展了他人的自由。在《阿托那的审判》中,弗朗兹对自己进行了审判,因为他违背了最根本的原则,毁灭了他人的自由。戈茨把自己造就成了自由的存在。那么罗根丁在《恶心》的结尾做出的选择又意味着什么呢?

我们可能还记得,因为一切都显得没有意义,罗根丁被恶心所折磨(详见第 1 章)。为了治愈自己,他必须为自己在世间的存在找到正当性,并给予事物以固定的意义。每次在咖啡馆听到自己最喜欢的歌时,这个世界对他来说就又有意义了。反思自己的这一体验,他认识到作曲家和歌手的存在是有正当性的,他们"洗刷了自己的存在之罪"(N 177)。在整个故事里,罗根丁都在创作罗尔邦侯爵这一历史人物的传记。在《恶心》的结尾,罗根丁即将离开布维尔的时候,他做出了这样一个选择:他决定放弃这一工作计划,转而选择去写一部文学作品,比如一部小说。

这是一个伦理上的决定,它同时发展了罗根丁和他人的自由。我们在下一章会看到,作者的行动对其读者的自由是有影响力的。介入的文学(Committed Literature)有这样一种积极的作用:它让人认可自己和他人的自由,积极地把他者造就成自己的同伴,最后让人发展成一个本真的存在。

小 结

　　萨特所描绘的人的状况怎么也称不上是美好的。人被抛入世间,他是绝对自由的,也要对自己负起完全的责任。因此他的存在将会是痛苦的。但是本真性要求他去接受自己所处的情境。对萨特来说,本真地存在是可能的。在这个他被抛入的世界里,我们和我们遭遇到的他人总是处于冲突中的。这使我们很难勾勒出一种伦理观,但是就像萨特在《伦理学笔记》中所展示的那样,向他者靠拢是可能的,也是必需的:我需要他者来正当化我的追求。这里的伦理观是一种关于自由的伦理观,本真性是这一伦理观的理想,自由是它最根本的价值。因此,我们总是应该尊重和发展自己以及他人的自由。

介入的文学

　　萨特在自己的创作生涯中不断地解决他在对绝对自由构思时冒出来的问题,他对自由的思考也随之发展得越发深刻。他对情境的重要性的认识的加深是他思想转变的一个重要因素。认识到这一点后,萨特对作家对社会变革的作用有了新的思考。自己本身就是一个作家的萨特意识到他必须发挥特定的社会和政治作用。

　　我会解释萨特的战时经历以及他对历史性的发现是如何最终导致他认识到这一点的。直接的政治介入到反抗运动的尝试失败后,萨特转而通过作家的身份来进行介入。我会讨论在《什么是文学?》中的有关"介入的文学"的理论。接着我会解释萨特是怎么对这一理论身体力行的,以及他的写作是怎么转变的。他希望文学可以对世界有一个"真实"(real)的作用,并认为这一作用是对读者自由的呼唤。我还会讨论《现代》杂志这一事业,以及这如何代表了文学所起的一种新的作用。

令人转变的战时经历

99　1939 的 9 月,萨特被法国军队征召入伍,作为一名士兵在一个气象分队服役。波伏瓦(她一生中都有记日记的习惯)力劝萨特接受这一征召。在第 4 章讨论本真性这一概念的时候我们已经谈过这一点。在气象分队的工作非常清闲,萨特因此有非常多的时间去阅读和写作。《战时日记》(1939—1940)是一部混杂了日记和哲学沉思的作品,其中很多页被认为是《存在与虚无》的早期手稿。作品中提到萨特并不认为自己所处的情境——自己被征召加入战争这一情境——是自己所造就的。他并没有选择发起战争——他情愿战争从来没发生过——事实是他被征召从而加入了战争,而这一切都不是他的选择。经过一系列反思后,萨特得出了这场战争是他的战争这一结论:"这场战争就是我。它是我的在世间存在(being-in-the-world),它是为我而是的世界(it is the world-for-me)"(Carnets 101)。

萨特对自己所处情境的思考让他得以发现自己的历史性(他说:"战争揭示了我的历史性"[Carnets 160]),以及人是处于情境中的(situated)、历史的(historical)和真实的(factical)存在这一事实。尽管他的个性没有改变,他所处的情境的确经历了巨大的改变。这意味着他的存在被改变了,因为情境造就人。对自己"在战争里存在"(being-at-war)的思考让萨特开始重新评价自己的政治立场。在战争之前他是一个有着社会主义倾向的"非政治的无政府主义者"。战争让他认识到,因为人总是处于具体情境中,而且人是历史进程的一部分,有可能通过自己的行动和选择来改变和塑造历史,所以人的介入和积极地承担起社会历史的进程是非常重要的。不选择其实也是做出了一种选择,但去选择和介入是更

好的一个选择,这也是萨特为自己决定的一条道路。他是这样
说的:

> 我们可以清楚地看到战争是一种不同的社会秩序。它属
> 于那些重大的的非理性事件,比如出生、死亡、苦难(misery)以
> 及受难(suffering)。在这些事件里,人是被抛入具体情境中
> 的,在这些情境里即使放弃退却也仍是一种介入。
>
> (Carnets 136)

萨特在战争期间以不同的方式介入。写作是他最初并且延续一生
的介入。在作为战俘集中营的一名囚犯期间,萨特写作了《巴里奥
纳》(*Bariona*)这一戏剧,不但把它搬上了舞台,甚至还亲自出演。
这是一部关于耶稣降生的带有神秘色彩的戏剧,隐约地向集中营
的囚犯们传达了一个有关希望的信号。就像波尔注意到的那样,
"萨特改变了自己[……]他好像开始接受自己所处的历史情境了。
[……]萨特绝对不是不幸的。而且他做了什么? 写作……"(Boulé:
Sartre 120)。萨特回忆了他在《巴里奥纳》上下的功夫,以及他是多
么享受这一次在集中营的登台表演,并且再三向波伏瓦保证:"亲
爱的,我一点也不感到无聊,我真的很快乐"(*Lettres au Castor* II
300)。在那一时期他发现了戏剧的力量以及自己在戏剧创作方面
的能力。对《巴里奥纳》进行了分析后,萨特宣称,不管这部戏剧有
什么不足,它是与身边的士兵们交流和讨论被德国人囚禁的方式
之一。在监督管理集中营的德国人眼里,这不过是一部带有神秘
色彩的、有关基督诞生的戏剧,而囚犯们却能理解这部戏剧传达了
一种有关自由的政治讯息。这里重要的是,由于对《巴里奥纳》的
创作和演出,萨特感觉到了对戏剧的热情。萨特对波伏瓦说:"但

100

是你应该知道,我肯定有戏剧创作的天赋[…]"(*Lettres au Castor II* 300)。这部戏剧的上演让萨特认识到戏剧是多么有力量的一种交流工具,自此戏剧创作成了萨特最喜欢的表达方式之一。情境戏剧(situational theater),作为一种交流工具,和文学一样能对观众产生很大的影响(我们会在介入的文学这一部分看到萨特是怎么把文学描述为介入性的)。

作为抗战者的萨特

当萨特被集中营释放回到巴黎后,他有一种加入反抗阵线的强烈欲望。波伏瓦一开始为萨特的巨大转变感到震惊,但她很快也加入了萨特。萨特在 1941 年春成立了"社会主义与自由",这是一个抗战组织和智库。

社会主义与自由

　　这一由萨特发起的组织,把很多马克思主义者和非马克思主义者揽于旗下,成员包括波伏瓦、梅洛-庞蒂以及其他巴黎高师的知名校友。他们致力于出版地下手册。多米尼克·戴桑迪(Dominique Desanti)在很多访谈中提到了这一组织的特殊活力:比如他们期刊的社论会由马克思主义者和非马克思主义者交替撰写。那个非马克思主义者就是萨特。虽然萨特在那一时期并没有开始与马克思主义"调情"(我们会在第 8 章更多地谈论这一点),他的态度却是非常开放的,他放任组织里的马克思主义者表达他们的观点——那时在类似的组织里这种开放性是不常见的。这可能和他不久前获得的政治敏感性有关。

101

他与波伏瓦在法国的非敌占区进行了一次单车骑行，去跟安德烈·纪德（André Gide, 1869—1951）和安德烈·马尔罗（André Malraux, 1901—1976）两位作家碰头，试图把自己的小团队和整个抗战运动联系起来。尽管萨特想要积极地参与到抗战运动中的意愿非常强烈，他的介入实际上是非常有限的。波伏瓦是这样描述当时被占领的巴黎的情境的：

> 在政治上，我们发现自己处于一个完全无力的境地。当萨特发起"社会主义与自由"的时候，他希望这个组织可以依附于一个更大的中心机构；但是我们的旅行最后并没有产生什么非常显著的结果，而我们回到巴黎后情况也同样令人失望。各种当初如春笋般冒出来的组织不是已经解散了就是正在分崩离析。和我们的一样，这些组织都是个人发起的，主要由中产阶级的知识分子组成，而这些人没有任何地下活动的经验——更确切地说，他们没有任何行动的经验。
>
> （Beauvoir, *The Prime of Life*, 499）

尽管这次成为抗战者的尝试失败了，萨特的努力还是值得赞许的，因为其他很多人没有任何作为。作为萨特的哲学和文学作品的读者，我们甚至可以把这一失败看成最后带来了好的结果，特别是当我们考虑萨特对这一失败的回应的时候。他的组织的失败，他在被占领的巴黎感觉到的敌意，巴黎的"纳粹化"，最终让萨特拿起笔写下了《存在与虚无》和《苍蝇》。安妮·科翰-索拉（Annie Cohen-Solal）认为敌占区日益加剧的压迫成为了这些作品最终诞生的土壤。当巴黎市民的权利日益被剥夺，萨特通过撰写关于绝对自由的一部哲学专著和一部戏剧来"反抗"（见 Cohen-Solal, *Jean-Paul Sartre: A Life*）。

大卫·德拉克(David Drake)提到在解放的那一刻,萨特被当成了
知识分子反抗的标志性人物:

> 他为地下抗战出版社写文章,戏耍了德国审查人员从而
> 让自己的《苍蝇》在首都上演,这部戏剧被共产主义报刊《行
> 动》(Action)称为"抵抗戏剧"的样板[…]
>
> (Drake 61)

但是,就像萨特后来会说的那样,比起一个进行写作的抗战者,他其
实更像是一个进行抵抗的作家!约翰·格拉斯(John Gerassi)是这样
评价的:"从1945年起,在谴责不公和支持世界上被压迫的人这方
面,萨特比其他任何知识分子做得都要多"(Gerassi 187)。

一个介入的作家:《现代》

萨特在战争期间提出了介入这一概念,并在自己的写作和自
己于1945年发起的期刊《现代》(借用了查理·卓别林的著名电影
《摩登时代》[1936])里应用了这一概念。期刊的第一期于1945年
十月出版,其中有一篇萨特的题为《表现》(Présentation)的文章。
在文章中,萨特解释了这本期刊的目标,并开始勾勒一种关于文学
的以及作家应该扮演的角色的理论——这一理论最终会在他1947
年的文章《什么是文学?》中有比较成熟的表达。

作家必须成为什么样的人?作家必须成为介入的个人,而写
作就是他们介入的方式。萨特在文章的开头批评了那些不能发挥
好自己的社会作用的资产阶级作家。奥诺雷·德·巴尔扎克
(Honoré de Balzac,1799—1850)和福楼拜之类的作家对自己周遭
的世界以及正在或需要发生的社会变化漠不关心。他们虽然在写

作却不能给自己存在的世界带来变化。他们算不上是真正处于情境中的人。他们通过自欺把自己和自己的情境分割开来。他们做不成应该为自己和他人完成的任务。萨特认为19世纪的作家缺乏介入,这让人们对文学所应该扮演的角色也产生了迷惑。他反讽地说:"今天,事情已经发展到这个地步了——我们看到一些把自己的笔借给德国人的作家,在受到了谴责和惩罚后,展现出一种痛苦的惊讶。'什么?'他们说,'所以一个人所写的东西会让他介入?'"

对萨特来说,一个人的写作就是一种介入。在介绍《现代》的一篇文章中,萨特解释了每一篇作品都有一种意义,无论其是否与作者的意图保持一致。作家要为自己创造的作品的意义负责。作家是处于具体情境中的人,他必须接受自己的情境。这也是萨特早就提出的本真性的伦理要求。消极和漠不关心仍然是我们生活在世间的方式之一。它们是一些选择,但不是那种充分利用个人所处的情境的选择。对自己周遭的世界不做评论的作家选择了从这个世界抽身。他的沉默,尽管是消极的,但也是一种宣言。这仍旧是作家回应世界时可以选择的一种方法。但它是不是一种令人满意的选择呢?萨特不这么认为,对他来说作家有一种责任,他是在战时领会到这一责任的:既然人是在世间存在的,他的行动会对世界产生影响,即使此人并没有这样做的欲望,因此最好让人的行动及其产生的影响是自愿的。人必须去意愿自己对世界产生的影响。一个作家是通过自己的作品来对世界产生影响的。在写作的时候作家必须完全地投入和世界的互动中,而且其必须为自己的写作负起全部的责任。

作家不但必须为自己的写作负起责任,他还必须试图给世界带来变化。这是萨特给自己筹划的新杂志所设定的任务:

我们和那些希望改变人所处的社会状况以及看待自己的
方式的人站在同一边。所以,我们的杂志会对将来发生的每
一件政治和社会事件表明自己的立场。我们不会以政治的方
式做这一件事,我的意思是我们的杂志不会为任何政党服务,
它会试图揭露隐藏在各种论点背后的人这一概念的意义,并
104   且会针对这些概念给出自己的看法。[⋯]如果文学能够像它
应该做的那样履行好自己的社会角色,我们会很高兴。

（Présentation 16）

这里隐含的一个政治观是:写作和对政党的忠诚和支持不是一回
事。具体的政治是建立在对世界和人的哲学思考上的。因此,这
本杂志的目标是超越对政治的肤浅理解,追求一种更深刻和更广
义的政治。每个会被评论的具体政治事件都是为这本杂志写作的
作者们表达自己立场和揭露根本原则的机会。这是作者们必须从
事的工作,而这本杂志会怀着改变世界和解放人类的目标把这一
切都带给它的读者们。要再次重申的是,这儿的最基本原则是自
由,其目标是解放。

萨特解释说这一目标是一个长期的目标:

因为人是一种总体性,仅仅给予他投票的权利是不够的,
还要着手于其他构成他的因素。他必须从总体上解放自己,
也即是说,通过作用于自己的生理构成以及自己的经济情况,
自己的各种性情结以及他所处的政治情境,来把自己变成另
一个人。

（Présentation）

萨特在这里把具体的政治和一种更根本的政治途径区分开来了。
为了解放人,使人自由,我们必须考虑到他们人生的方方面面。因
此,必须要有一种更全面的方法来解放人类。作家通过描述具体
情境,分析情境是如何妨碍自由的,以及该如何应对,从而对此作
出贡献。萨特主张人是一种总体性:"完全地介入和完全的自由。
我们必须解放的是自由的人,我们要扩展他选择的可能性"
(Présentation des Temps modernes)。《现代》的目标是保卫个人的
自主性,扩展他选择的可能从而保护自由并带来更多的自由。

　　尽管在这篇短文中萨特并没有说清楚,为什么作家必须介入
以及必须着手于社会政治现实,我们却可以辨认出他观点背后的
哲学基础。而在《什么是文学?》里我们也可以找到它们。

介入的文学

　　《什么是文学?》是萨特于 1947 年在写作《自由之路》的第三卷
以及自己的伦理学的时候写就并发表的。萨特在很小的时候就对
文学产生了很大的兴趣,并于写作这篇文章的多年前就成为了一
名作家。在文章中,他讨论了作家的作用并且为文学必须是介入
的这一观点进行了辩护。作家是一个自由的存在,但是他的自由
只有在介入的时候才能得到最好的实践。萨特的战时经验使他发
现了这一点。对萨特来说,就像他在对《现代》的介绍中说的那样,
作家是处于具体情境中的存在/自由。在《什么是文学?》中萨特探
索了作家和读者之间的关系,并主张和作家对话的读者也是同样
处于具体情境中的。这一自由的存在之间的"对话"是一种处于情
境中的、历史的,以及真实的(factical)"对话"。只有当介入发生时
真正的对话才会开始。而为了让介入发生,人必须让自己的自由
和自己所处的情境联系起来。在《什么是文学?》中,要使人自由的

105

这一道德急迫性有了些许转变：人必须使自己成为一个处于具体情境中的自由。

这篇文章用三部分来提出有关文学的一些根本问题：什么是写作？为什么写作？为谁而作？第四部分分析了作家于1947年所处的情境，为这篇文章划上了一个句号。在前言中萨特指出："看起来似乎没有人问过自己这些问题"（WL viii）。

106　　萨特在文章开头把写作和其他的美学创作区分开来，也把散文和诗歌区分开来。作家要处理表意的问题。萨特是这样解释的："散文是符号（signs）的帝国；而诗歌则属于绘画、雕塑和音乐"（WL 4）。萨特把两种写作区分开来，并把他关注分析的重点放在散文上。散文的作者带着一个目的来使用字词，他同自己的读者交谈。他的这一交流是一种特殊行动。萨特是这样解释的：

> 散文作家选择了一种次级的行动，我们可以称之为以披露为行动。［…］"投入"的作家知道字词是行动。他知道去披露就是去改变，而只有想要去改变才能披露。
>
> （WL 14）

作者的言说具有极其强大的改变能力，因为这是一种披露。通过字词，作家把世界和人类展现给读者看，从而读者"可以对已经被揭露的客体承担起全部责任"（WL 15）。作者起着非常重要的作用：他必须把世界披露给读者，而读者也会感觉到自己对这个世界负有责任从而想要改进这个世界。作家的作用是"使人不再对这个世界无知，不能说自己和世间发生的一切无关"。在阅读中和真实世界相遇的读者不能再假装对世界中的问题毫不知情。既然已经知道了，他必须用行动去改变世界。这和之前希望他者自由所

以我也可能会自由的概念联系在一起。作为一个读者,我可能会
和个人的自由遭到了冲击这一事实相遇。因为我渴望自由,我需
要使最多的人自由。使人自由因此成了我行动的义务。我对自由
的渴望意味着我要采取具体的行动从而使我和他人自由。作家向
自己的读者揭露世界,由此带来改变。

不是一种"战斗"的文学

《光明》(*Clarté*)杂志在 1964 年举行了一场关于"文学能够做
什么"的讨论,而萨特也参与了这次讨论。他从自己于《什么是文
学?》中定义的介入的文学的角度来回答这一问题,但同时也强调
了介入的文学和战斗的文学不是一回事。文学是介入的是因为
它想要为读者提供关于意义这一问题的答案。读者在寻求他所
缺失的东西,而萨特认为,读者缺失的是生活的意义。而书的任
务是给予世界以意义。但是这一意义同时是由和书中的符号相
遇的自由读者所创造的。(Que peut la littérature? 107-27)

107

在定义了写作能够做什么后,萨特从作者的角度出发问自己,
为什么人必须写作。成为自由的存在并且使他人自由是一种伦理
要求。像我们在第 1 章中看到的,人的意识对这一目标也很重要,
对萨特来说意识揭露这个世界。是意识在说话:"这里有一个世
界。"同时意识也认识到自己的出现对存在来说是完全偶然的。人
感觉到"自己和被揭露的事物比起来是无关紧要的"(WL 23)。萨
特继续寻找作家为什么写作的原因:"艺术创造的一个主要动因是
需要感受到对世界来说我们是必要的"(WL 24)。这让我们想到
罗根丁在《恶心》结尾要写小说的决定:感觉到自己的存在是无关
紧要的和偶然的,他认为去创造些什么会是正当化自己存在的方

式。而要实现这一点,作者和读者之间需要有对话。萨特驳斥作家为自己写作这一观点。对他来说,写作意味着被阅读,而这些行为需要两个不同的行动者。作家在写作中披露世界,他也需要一个读者来证实这一披露。只用通过阅读这一行动,写作这一行动才被正当化和被证实;就像罗根丁发现的那样,在读者的意识中作者的存在是被正当化和必要的,就像罗根丁最喜欢的歌手和作曲家对听这首歌的罗根丁来说是被正当化和必要的。因此萨特说道:

> 所有的文学作品都是一种呼唤。写作是呼唤读者把我通过语言所揭露的东西引入客观的存在中去。[…]作者呼吁读者一起合作对他的作品进行创作。

> (WL 28-9)

108 在他的伦理学中,萨特总结,为了让我们自己自由,我们必须让他者自由(详见第6章)。而在文学这一领域中,作者也必须朝他的读者的自由呼吁。只有当读者的自由被号召出来的时候,作者的呼吁才可以说是自由的。作家必须认识到读者的自由并且信任自己的读者。萨特称阅读为读者和作者之间"慷慨的契约"(pact of generosity)。这一契约的一方揭露这个世界而另一方确认这一揭露。这一揭露也是在呼吁读者加入到揭露世界的行动中来,因为只有通过阅读,揭露才能真正完成。因此读者其实和作者一样要对作品负起相同的责任。萨特说他是被"妥协"(compromised)的:"所以我们俩(作者和读者)都要为这个世界承担起责任"(WL 39)。

　　萨特解释,美学的必要性是为伦理的必要性服务的。文学和自由有关,和作者以及读者的自由有关,是两者之间的一个契约,而且它只和自由有关。所有的散文写作都如此,萨特是这样解释的:"不论他是写散文的还是写小册子的,不论他是个讽刺作家还是一个小说家,他只有一个主题——自由"(WL 41)。不论作品的内容是什么,不论作品处理的是个人还是普遍的主题,自由都是唯一的主题。这意味着对萨特来说,作者是被抛入"一场战斗中的。写作是意愿自由的方式之一;一旦你开始了,不管你愿不愿意,你已经介入这个行当了"(WL 42)。作家是加入了一个伦理的以及政治的筹划。作家通过命名一些事来进行披露,而这一披露已经是一种改变。作者为一个特定的公众写作:处于具体历史情境的人们。他自己也是一个处于具体历史情境的自由存在。他把世界披露给读者,而这一披露是对改变的一种呼吁。的确,对萨特来说,披露是非常重要的:

> 文学,从本质上说,是一个处于永久革命中的社会的主体性。[…]言说的形式自由(formal freedom)和行动的实质自由(material freedom)互相成就自己,其中一方被用来要求另一方的出现[…]它的目的是为了呼唤人的自由,从而人可以实现和保持人的自由。

(WL 107-8)

因此就像所有人一样,作家需要发挥非常重要的社会和政治作用。他将通过写作来完成这一任务。这也是为什么在文章的结尾萨特希望文学可以变成伦理的:它需要扮演一个伦理的和政治的角色。作者是介入的,并且使他的读者介入。他们在有关自由的筹划中

109

联系在一起。这意味着作家必须保持最大程度的自由。

萨特和诺贝尔奖

在 1964 年 10 月中旬，萨特在报纸中读到瑞典皇家学院在考虑将诺贝尔文学奖颁给他。他马上写信警告对方自己会拒绝这一奖项。无视萨特的警告，皇家学院还是把文学奖颁给了他，因为"他的作品有丰富的思想，充满了自由的精神和对真理的追求，对我们的时代产生了深远的影响"（http://nobelprize.org/nobel_prizes/literature/laureates/1964/）。萨特在 10 月 22 日得知了这一消息，他立即发表了一篇公开信解释自己为什么拒绝这一奖项。

这封信第二天就在皇家学院被宣读了，并于 10 月 24 日在《世界报》(Le Monde) 上发表。在信中萨特解释了后者的原因。在个人方面，萨特一直拒绝任何荣誉。作为一个作家，萨特认为在写作中他的讲话和采纳的政治立场都是他自己的。但如果他的名字和一个荣誉或一个奖项联系在一起，读者所读到的就会是一种不同的立场。颁奖的机构因此会和作家采纳的立场挂钩。在信中萨特写道："作家必须拒绝把自己转变成一个机构 (institution)"（引自 Écrits 403）。在客观原因上，萨特提到了诺贝尔奖似乎只为西方作家或者从东方集团 (Eastern Bloc) 过来的反叛作家而留。接受这一奖项就意味着他被这样的政治观给同化了。

萨特的回绝引发了很大的反响。安德烈·布勒东 (André Breton) 的评论是最有趣的，他认为萨特站在东方集团国家这一边的宣言是一种真正政治的行为。

　　为了自由地演讲以及向其他自由的存在进行呼吁,作家不能站在一些机构或者政党的立场上说话。这之所以是一个问题是因为作家最终的介入是要超越写作的。这一直是萨特关注的问题,因为他在战后一直想要在世界中实施具体的行动。对萨特来说,写作是一种介入,但我们也必须改变世界。我们会在下一章中看到萨特是怎么在自己的政治观点和行动中表现出这些想法的。

110

小　结

　　萨特的战时经验对他有着深远的影响。这让他认识到自己是一个历史的存在,他是在和世界打交道。他从此决定自己必须要介入。他在抗战运动中不怎么成功的尝试让他选择去采纳另一种方式的介入:写作。在他对《现代》的介绍中,萨特首先解释了为什么他认为作家是要为自己的写作负责的,以及他们必须让自己介入从而给这个世界带来一些改变。他在《什么是文学?》中精练了这些想法,解释了文学是作者和读者对话的场合。作家向读者的自由进行呼吁,通过披露这个世界,让读者感觉到自己是有责任的并且介入到这个他现在已经认识了的世界。因此是作家引起了这些改变。因为写作和自由有关——即使它仅仅是对读者的自由进行了呼吁——因此写作是发展自由的一项伦理事业。

政　治

　　我们可以这样理解萨特的介入的文学:这是他完成自己在《存在与虚无》结尾为自己设定的伦理目标的一种方式。即使他可能没有成功地勾勒出一种伦理理论,他一直坚持认为人的自由是一种核心价值,是伦理和政治的基础。他个人的介入,是尝试为个人自由的发展创造有利的条件。我们在上一章看到,写作是介入的一种方式。萨特认为作家可以通过自由对话来向读者披露世界,使读者负起责任,从而对世界产生影响。因此对读者进行的呼吁是促进自由的方式之一。但是对萨特来说还有另外一种介入的形式,一种更直接和具体的形式:政治行动。萨特观察了很多政治行动和组织,并且试图让自己和他们联系起来。事实上,很多人之所以知道萨特,就是因为他的政治活动和公共立场。

　　在这一章中,我们会审视萨特的政治立场。我们会重新审视萨特在战争初期对历史性的发现,以及这是如何导致他的介入的。接着我们会讨论萨特和法国共产党之间的紧张关系。我们还会讨

论萨特的《寻求一种方法》和《辩证理性批判》,看看他是如何修改
112 马克思主义,以及他是如何提出作为一种政治"纲领"(program)的
"马克思存在主义"(Marxian existentialism)的。最后我们会讨论萨
特的一些直接的社会政治活动。

历史性和暴力:重述要点

我们在上一章中看到,萨特的参军经历使他发现了自己的历
史性。但是战争同时也揭露了历史的暴力本质。萨特对战争的反
思以及他的"在战争中存在"(being-at-war)让他对暴力的本质以及
被卷入历史进程的个人是如何被这一暴力所影响的有了思考。他
思考的不只是战斗中的暴力,更是本体论意义上的暴力:战争给世
界带来的是本质上的摧毁。它使世界倾斜,重新排列人和事物的意
义。当战争爆发时,所有的意义都改变了,所有人的存在都被深深
地影响了。所有存在都成了"在战争中存在"。

这些思考让萨特宣称介入的必要性。因为一个人的存在被世
界所影响(在战争的例子里这一点非常明显),为了要让自己自由,
行动是非常重要的。战争是对世界和自由的摧毁。人必须去行动
和选择,从而让战争变得不可能。举个例子,选择参加和平抗议运
动,我们可以对阻止战争发挥作用。人必须为创造一个可以让自
由发展的世界而去行动和选择。文学是可以促进自由的行动之
一,但是它可能需要更直接和即时的行动来作为补充,因此萨特有
了参与具体活动的必要性。我们在上一章中谈到萨特在1941年回
到巴黎,想要活动的欲望非常强烈,并且尝试加入抗战运动。但我
们还没有讨论萨特想要介入政治中的欲望是怎么导致他最后走入
政治的领域中的。而这即是我们现在所要讨论的。

萨特和共产党

战争一结束,留给萨特的参加具体的政治活动的途径似乎是加入一个政党。尽管萨特和法国共产党的关系比较密切,但他从来也没有对加入一个政党表示过兴趣。不像他在高师期间的两位好朋友保罗·尼赞和雷蒙·阿隆,萨特并不觉得正式参与左翼政治是必要的。萨特在那时阅读了马克思,但是并没有感觉到马克思主义哲学的相关性。

113

卡尔·马克思（1818—1883）

德国哲学家卡尔·马克思对 20 世纪的政治现实有着巨大的影响。他对资本主义社会剥削本质的写作和分析鼓舞了很多人发起共产主义革命(列宁是最著名的例子,他领导了俄国的1917 革命,最终造就了苏联的诞生)。马克思认为,在一个资本主义系统中,工人和他的劳动被转变为商品,而工人被迫和自己劳动的产品分离(alienated)。马克思认为,无产阶级革命最终会取消私有产权制度,而生产手段的公有制会消灭异化(alienation)。之后的政权将是共产主义的,它的口号将是:"各尽所能;按需分配。"

在战后萨特的态度改变了,但是他仍旧没有加入任何政党。大卫·德拉克解释道:"萨特没有为选举投票,他也没有加入(法国共产)党的意愿,因为他心中的社会主义和共产党提供的集权和等级制的社会主义不一样"(Drake 26)。在《我们有权反叛》(On a raison de se révolter,于 1974 年发表的和皮埃尔·维克托[Pierre Victor]以及菲利普·戈维[Philippe Gavi]的讨论)中萨特解释,他认为自己是一个反等级制的、自由论的社会主义者，以及一个支持自由民主的人——而这不是成为法国共产党成员的思想状态。

在战争结束末期，法共在法国政治舞台上扮演了一个重要的角色。在由戴高乐主持的政府中，法共是一个主要政党，并且由于它的大众支持率，其在抗战运动中扮演了关键的角色（在 1945 年 10 月的选举中它赢得了 26.2%的选票）。它坚决反对通敌者，并试图通过把马克思主义以及党内民主集中制介绍给通过抗战吸引来的成员们来巩固自己的影响。虽然法共一直在向知识分子寻求更大的支持，他们一直对萨特持不信任的态度。在战时，法共甚至散播谣言，说萨特是为德国人收集和传送信息才被从集中营放出来的。萨特参加了和法共有联系的全国作家委员会（Comité National des Écrivains, CNÉ）的几次会议，并为共产主义抗战杂志《法兰西信报》写过几篇文章。总的来说，萨特和法共之间相处得并不好。波伏瓦解释道："在政治方面，萨特认为共产党的同情者应该在党外扮演一个和其他反对党相似的角色：一个把支持和批评结合在一起的角色"（FC 8）。萨特非常认真地履行这一理念，对法共的政治行动以及意识形态立场，特别是他们对马克思主义的理解，进行了批判。而在法共这一边，他们对萨特和存在主义持批判态度，认为这不过是资产阶级唯心主义的化身。法共也为存在主义在青年间的影响和吸引力而焦虑。萨特幽默地解释了法共的行为："这非常简单。我有一个客户而他们想把这个客户从我身边抢走。这就是事情的全部"（Sartre, un film réalisé par A. Astruc & M. Contat, Gallimard, 1977, 83）。

在 1948 年，因为萨特加入了民主革命集会（Rassemblement Démocratique Révolutionnaire, RDR），他和法共的关系进一步恶化。这一由左翼非共产主义的记者和知识分子发起的组织，以反对斯大林式的统治为立场,为社会主义式的民主而呼吁。因此这一组织和法共立场相斥。他们出版了一本名为《左翼》(*La Gauche*)的杂志,并定期举行聚会。这一组织起初非常受欢迎,但只成功了一度就没落了。最后,内部矛盾以及大众支持度的缺乏导致了这一组织的垮台,而萨特也于1949年10月退出了这一组织。

在1950年代早期,萨特因为参与亨利·马丁事件而开始和法共走得比较近。作为一个水手的亨利·马丁(Henri Martin)是一个共产主义者,他因为散播反对越南战争的材料而入狱(见 Drake 83)。在这一事件前,萨特就公开地批评过美国的外交政策,并表达了自己的反殖民主义的立场。而正因为这一点,法共认为萨特是一个有价值的盟友。而之后发生的杜克罗斯事件让萨特产生了义愤并伸手相助。雅克·杜克罗斯(Jacques Duclos)是一名有影响力的党员,警方在他的车里发现了两只鸽子,并宣称他使用了它们向苏联传递信息,杜克罗斯由此被捕。萨特在一次访谈中解释说,正是这样的事件让他变得激进,并促使他希望自己成为一名共产党的同路人(萨特常用这个词来称呼自己)。1952年,萨特写作并发表了一篇名为《共产主义者与和平》(*The Communists and Peace*)的文章,这篇文章把重点放在一些比较明确和有限的问题上,试图说明他在哪些方面是同意共产主义者的。萨特的态度非常坚决:他是从自己的哲学原则而不是从马克思主义出发的。关于这一点,德拉克评论道,"萨特也许已经成为了一个共产主义者的同路人,但是他对右翼以及极左对法共批评的反驳是因为他独立的立场"(Drake 85-6)。

在他"同路"的旅程中,萨特总是小心翼翼,和法共保持一定的距离。他去过中国和苏联,并且越来越同情法共,直到1956年苏联入侵匈牙利。萨特谴责了这一入侵,这也标志着他和法共同伴关系的结束(法共支持了这一次入侵)。但是萨特和法共关系的结束并不意味着萨特和马克思主义的关系也结束了。

萨特和马克思主义

萨特对法共有所保留,对作为一种哲学的马克思主义也保持沉默。我们在之前的章节中已经看到了,萨特提出了一种关于自由的哲学,认为个人是自由的,并且要为自己造就的自己负起责任。而马克思主义的决定论倾向正是萨特有所保留的原因。威廉·麦克博雷德(William McBride)是这样解释的:

> 116

> 很明显,萨特一生最关切的事情之一是保卫人的自由,不论是在现实中的自由还是未来自由的可能性。正是这一原因导致了萨特对"正统"马克思唯物主义阐释的反感,因为这一马克思主义传统上经常和单调的以及严格的决定论联系在一起。[…]马克思确信没有意识的实体可以并且确实对人的意识活动有直接的影响。而在另一方面,由于他的笛卡尔式的和胡塞尔式的偏见,萨特总是反对用外在的因果关系来分析自由的人类活动,或者说"意向性"。

> (McBride 618-19)

因此,马克思主义和萨特的存在主义之间似乎有一个无法化约的距离:前者接受决定论而后者拒斥决定论。很明显,这样的分歧对任何关于人的行动和责任的理解都会有很大的影响,也让萨特和马克思主义很难走到一起。

萨特的存在主义所面临的一个问题——至少在《存在与虚无》中是这样的——是如何在一个社会环境里解释个人的行为。说人是处于具体情境中的与怎么解释和理论化这个情境完全是两回事。我们在《存在与虚无》中找不到关于后者的内容,而且从具体情境中显现出来的个人是被他者所异化、和他者处于矛盾中的。但是,当萨特越来越介入政治中后,他认识到只有去理论化社会政治状况才能更好地理解它并更好地使自己介入。他之所以介入是因为他想要在面对自由时做一个始终和自己一致的人,而这需要一个理论基础。这即是萨特越来越对马克思主义理论感兴趣的原因。一个有趣的问题是,这是不是意味着萨特需要抛弃他之前的一些立场——我们会在检视萨特把存在主义和马克思主义联系起来的观点后再来回答这个问题。

思考社会主体:存在主义和马克思主义

在研究萨特的学者托马斯·弗林(Thomas Flynn)看来,正因为萨特对马克思主义进行了挪用,他才有了解决从本体论状况中产生出来的问题的途径:

> 作为一个马克思主义者,他[萨特]相信经济是决定性的;但是作为一个存在主义者,他坚信自由和负责的实践的首要性:人总是可以在某种程度上改变他人所造就的自己。"他人"对萨特来说总是一个问题。在 1940 年代中期萨特认为他人是地狱。要建立一种萨特式的社会理论需要找到一种更好地解决他人这个问题的方式。在《辩证理性批判》中萨特开始着手解决这个问题。

117

> (Flynn 168)

于是看起来萨特对马克思主义的态度是一种有条件的赞同。在一

篇发表于 1946 年的《唯物主义和革命》(Materialism and Revolution)一文中,萨特说道:

> 既然它许可一致的行动,既然它表达了一种具体的情境,既然百万人在它中找到了希望和自己所处状况的图像,唯物主义必然是含有一些真理的。但是这绝不意味着它像一个教条一样无比正确。
>
> (*Literary and Philosophical Essays* 223)

像我们看到的那样,萨特一直对马克思主义的某些方面持批判态度。在 1956 年,他的立场很清楚:

> 对我们来说,马克思主义不是一种哲学;它是我们思想的气候条件和就食土壤,是黑格尔所称的客观精神的真实运动。我们在马克思主义里发现左派的文化贡献,甚至因为资产阶级思想的死亡,马克思主义就是文化本身了,因为只有马克思主义才让我们能够理解人、工作和事件。
>
> (Le Réformisme et les fétiches 110)

在《寻求一种方法》中,特别是"马克思主义和存在主义"这一章节中,萨特清楚地解释了这两种"主义"是怎么走到一起的。萨特在这篇文章中也反思了哲学的地位和功能。

对萨特来说,每一个时代都有一种统治的哲学,是这个时代的参考框架。在 19 世纪马克思主义取代了黑格尔主义,因为它同时和黑格尔主义以及反黑格尔哲学对立。萨特认为有哲学创造的时代是很稀少的。他在 17 世纪和 20 世纪之间找到了三个这样的哲

118

学创造:笛卡尔和洛克,康德和黑格尔,以及马克思。对萨特来说,
马克思主义是"[…]我们时代的哲学。我们超越不了马克思主义
因为我们不能超越产生马克思主义的社会状况。不管我们的思想
是什么,它只能在这一土壤上生成;[…]"(SM 30)。一种哲学总
是孕育在特定的时间以及人类文化中,并且是这一时代和人类文
化的表达。而且,萨特说哲学是一种对知识的总体化
(totalization),也意味着一种实践(praxis):一种哲学提出一种理解
世界的方式,而这一理解会引导人的行动。因此一个人会靠近或
者反对一种哲学。无论哪样,这个人使哲学成为了他人生的一部
分。为了具体说明这一点,萨特审视了索伦·克尔凯郭尔的事例。

索伦·克尔凯郭尔(1813—1855)

克尔凯郭尔经常被当作"存在主义之父"。他的哲学重点
关注具体的个人和主观的真理。这和当时在丹麦很流行的黑格
尔式哲学相对立。他于1846年发表的《非科学的结语》(*Con-
cluding Unscientific Postscript*)是对理性主义和我们在黑格尔等作
者中看到的哲学体系建构的批判。关注普遍和绝对——很多理
性主义哲学家就是这样的做法——是对存在这一点的无视。克
尔凯郭尔认为理性主义哲学家用理性和抽象思维来构建一个客
观知识的系统的做法是错的,因为在现实中有很多特殊的个人
存在,以主观的方式和真理打交道!因此克尔凯郭尔完全不同
意黑格尔的精神在世界历史中展开的世界观,因为这是把个人
的角色缩减到最小的表达。

采纳了和黑格尔相反的立场,克尔凯郭尔批判了客观知识的概念并强调了主观知识的重要性,以及具体个人的存在比普遍客观主体更重要的概念。克尔凯郭尔的思想是从黑格尔思想的土壤中孕育出来的。它是对黑格尔的反对,因此我们不能离开黑格尔来理解克尔凯郭尔的思想。萨特会说存在主义和马克思主义之间也存在着这样的关系。他说存在主义是一个"寄生的系统"(SM 8)。

马克思主义是我们时代的思想(嗯,至少是萨特的时代的思想)。马克思关注的是:

> 被他放到研究中心的具体的人,被他的需求、他存在的物质条件以及他世界的本质同时所定义的人——也即是被他和世界以及他人的对抗所定义的人。
>
> (SM 14)

但是,在理论化的过程中,马克思主义有固化为一种意识形态的趋势。当这样的趋势发生时,具体的个人就会被忽视。这也是存在主义可以发挥作用的时候。萨特说:

> 马克思主义拥有理论基础,它包含了所有人类的活动;但它不再**知道**任何事情了。它的概念是一些**命令**;它的目标不再是去增加自己所知道的,而是把自己构建成一种先天的绝对知识。因为这两方面的忽视,存在主义得以回归并坚持自己,因为它重申了人的现实[…]
>
> (SM 28)

然而存在主义并不和马克思主义对立。它是一个寄生的系统,相

对于马克思主义来说,它更像是一个补充而不是敌人:"存在主义
和马克思主义,相反地,具有同一个目标;但是马克思主义把人吸
纳到观念(idea)当中,而存在主义去人所在的地方寻找人[…]"
(SM 28)。只要马克思主义栖身于观念之中把自己构建成一种绝
对知识,它就会错过自己本应该包含的存在的具体。因此需要存
在主义来补全整个图案,因为在存在主义里人不仅仅是知识的客
体:人造就自己,他的存在先于本质,因此他成不了知识的客体。
然而,如果我们想要理解人是怎么把自己造就成一个处于具体情
境中的人,我们就需要一种可以理解情境的哲学。这正是马克思
主义可以做的,因为"它是试图阐明历史进程的总体性的最激进的
尝试"(SM 29),而且对萨特来说,它是唯一"把人当作总体性——
也即是从人的状况的唯物性出发"的哲学(SM 175)。因为能够给
具体情境提供分析,我们需要马克思主义来理解具体的个人。然
而为了不忽视具体的个人,马克思主义也需要存在主义。萨特总
结道:

120

> 到了马克思主义思想开始考虑人这一面(即存在主义筹
> 划)作为人类学知识的基础的时候,存在主义就再也没有存在
> 的理由了。被哲学的总体化运动所吸纳、超越和保留,它将不
> 再是一种特定的探究问题的方式,而会成为所有探究的基础。
>
> (SM 181)

通过把人的自由当作他们的核心价值,马克思主义和存在主义走
到了一起。马克思主义揭示异化的来源,并对如何诊治异化给出
指示。存在主义则在个人里找到异化的来源,即自欺的诱惑。它
要求人把自己造就成一个自由的存在。朱列特·西蒙(Juliette

Simont）强调了这一事实："如果对萨特来说存在着一种伦理观，那么这是一种关于自由和解放的伦理观"（Simont 179）。的确，如果我们要拥有一种关于自由的伦理观，自由的个人必须要存在——从束缚中解脱出来的、能够互相意愿他人自由的个人。马克思主义为理解个人存在的物质状况提供了工具，从而让我们可以思考如何改进这一物质状况。就像当马克思主义不再需要存在主义对人的现实的具体分析和理解时，存在主义会衰退一样，萨特认为有一天马克思主义也会被超越。它是我们时代的哲学，但不是所有时代的哲学："只要每个人都超越了生活之必须，有了去实践真实自由的一些余地，马克思主义的生命周期就算到头了；一种关于自由的哲学会取代它"（SM 34）。

　　作为一个介入的哲学家，萨特生产具体的作品来回应政治和历史的环境，这也使他进一步走向了马克思主义。发表于1960年的《辩证理性批判》把自为作为一个处于历史中的在世间存在来分析。

121

在压力下的作家

　　萨特于1957年开始写作《辩证理性批判》，该书于1960年出版。它又是一本鸿篇巨制，接近三十万字，而这要求萨特每天工作好几小时。在她的《环境的力量》（*Fore of Circumstance*）中，波伏瓦回忆了萨特写作的环境。她描述了萨特是怎么在一种疯狂的气氛中：

　　　　疯狂地写作着他的《辩证理性批判》。这和他平常的写作不同，平时他会停下思考，纠正错误，撕掉一页，然后再开始；在几个小时的时间内他飞快地一页一页写作，不做重读，就好像他思考得太投入了，他的笔即使这么快也跟不上他的思维；为了维持这个速度，我可以听到他嚼苯丙胺类药胶囊的声音，他每天要吃一管。

(FC 385)

萨特从没太关心过自己的健康。他服用大量的威士忌、葡萄酒和苯丙胺类药。这些再加上高血压等问题，可能就是最后导致他失去视力的原因。

在他对《辩证理性批判（第一卷）》的评论中，约瑟夫·卡塔拉诺（Joseph Catalano）提到这本书的一个间接目标是指出社会主义可能会遇到的问题（Catalano 3）。他同时也注意到萨特对《辩证理性批判》和马克思著作之间的关系的想法有了改变。在《寻求一种方法》中萨特对自己的思想和马克思主义之间的关系并没有一个很清晰的认识，但在他人生的末尾，在为"在世哲学家文库"的一卷所做的一次访谈中，萨特阐明了这一联系，他宣称《辩证理性批判》不是一部马克思主义作品（Catalano 5）。德拉克是这样说的：

《辩证理性批判》是萨特对马克思主义反思的结果。在1950年代早期和法共走近后，萨特开始反思马克思主义。在1940年代，萨特从外部的角度挑战了马克思主义（比如在《唯物主义和革命》中）。而现在，就像萨特在《寻求一种方法》（后来作为《辩证理性批判》的第一部分发表）中表达的那样，他的出发点是马克思主义是不能超越的；它是萨特时代的哲学。萨特所探究的问题之一就是如何在（非教条）马克思主义的辩证法和存在主义之间调和。

（Drake 107-8）

到最后,萨特开始用马克思主义来补充自己对自为的思考。他需要去反思互惠(reciprocity)、人在缺乏(scarcity)和竞争的环境下的互动,以及共同行动的可能性。马克思主义就是可以为他提供理论工具的哲学。就像卡塔拉诺说的那样,《辩证理性批判》展现了在《存在与虚无》中缺失的历史和政治的一面。在这个意义上,萨特对马克思主义的挪用是必需的,即使他的挪用是非正统的、反偶像的,他的存在主义是在马克思主义的基础上运作的。

一种"马克思式的"存在主义?

弗里德里克·奥拉夫森(Federick Olafson)建议把萨特的著作分成三个阶段:第一个是现象心理学阶段;第二个是从本体论角度探寻人的存在的阶段(主要可以在《存在与虚无》中找到);第三个是对马克思主义进行修改的阶段,从《寻求一种方法》开始,到《辩证性批判》标志着这一阶段的高峰(详见 Olafson 287-93)。奥拉夫森评价认为从第一阶段到第二阶段的过渡算不上巨大的转变,但的确是一个进化,而第二阶段到第三阶段的转变意味着萨特对自己早先观点的修改或者说拒绝。对奥拉夫森来说,萨特必须放弃自己关于绝对自由以及人与人之间关系的本质是冲突的观点,才能够用马克思主义的术语来解释社会和物质条件是如何形塑个人以及使政治团结(political solidarity)和社会主义成为可能的。而弗林却认为,萨特一直是一个存在主义者:他后期的写作所表现出来的一种马克思式存在主义和他早期的写作以及他早期更个人化的关注之间是有连续性的。他说:"尽管萨特一直在说要给马克思主义"知识"加上一个存在主义"意识形态"的前缀,他一直是一个存在主义者。当然他现在的存在主义是一种马克思式的"(Flynn 172)。那么这一存在主义从马克思主义那里借鉴了什么呢?

麦克博雷德指出"对萨特最具有吸引力的马克思是作为历史学家的马克思[⋯]"(McBride 626)。你会记得在这一章的开头我们说过是萨特对历史性和暴力的发现导致他走上了政治道路。毫无疑问,萨特对马克思的使用是反偶像式的。他最终并没有成为一个马克思主义者,而是成为了一个通过从马克思主义借用他所需要的工具,来思考自己关于自由的本体论立场的社会和政治含义的哲学家。他的理论政治发展可以用"[⋯]通过自我、他人以及团体,达成从意识到历史的本体论上升[⋯]"来解释(Caws, *Sartre* 31)。萨特在"二战"后需要的是一种思考行动的方式。在 1975 年的一次访谈中,萨特解释道:

> 这是[我思想的]一次发展,但我不认为是和过去的一次断裂。是战争的经验给我的思想带来最大的改变:1939—1940,占领,抗战,巴黎的解放。是这些使我超越了传统的哲学思考,去思考哲学和行动的联系,理论和实践的结合:马克思、克尔凯郭尔、尼采的思想,以及其他可以作为理解 20 世纪的出发点的哲学家。
>
> (Interview 12)

对自由的坚持

萨特一生中都坚持并且一直通过他的思想和行动来说明的,是自由这一基本概念。他详尽地阐述了一种关于自由的人的存在主义哲学。他写作了小说、短故事,来探讨作为自由的和处于具体情境中的人会面对的问题。他写作了时事文章来揭露世界,从而向他的读者的自由呼吁,并且改变世界让它变得更适合自由的发展。在后期的文章中他通过使用马克思主义来理论化人所处的社会政治现实。他也通过成为一个活动分子并且做出具体的行动来促进自由的发展。通过利用自己的名声,萨特参加了很多促进自由和创造可以使人自由地存在的物质条件的战役。

他抗议了法国在阿尔及利亚战争(1954—1962)中扮演的角色。《现代》在 1954 年发表了一些关于这一具体情境的文章,在 1955 年,萨特公开声明了自己的立场。他写作了随笔、文章,发表了公共演讲,参加了游行并且签名了一些请愿书。他反对这一战争,因为这是法国试图保持一个殖民政权从而反对阿尔及利亚人民的解放的尝试。他的动机是创造一个自由可以发展的世界;在被侵占的阿尔及利亚,自由是不能发展的。萨特一直在反思压迫和殖民主义,他的反思也再一次变成了具体的介入。正是出于同一个动机,萨特反对越南战争:为了抗议美国在越南战争中扮演的角色,他拒绝访问康奈尔大学,并且接受了伯纳德·罗素(1872—1970)的邀请加入了特别法庭(tribunal)。英国哲学家罗素于 1966 年发表了《发生在越南的战争罪行》(*War Crimes in Vietnam*),并邀请了一些知识分子加入他,一起成立一个法庭,这个法庭会调查关于美国政府战争罪行的控告。法庭认定美国政府有罪并且还犯下了种族灭绝的罪行。94 岁的罗素参加不了审判,是萨特主持了法庭。

在国内,萨特也参加了 1968 年春天的学生运动。他不是运动的发起者,一开始也对运动的兴起感到吃惊。但是他努力去理解法国青年的想法,并且马上就贡献出了自己的支持。因为这是一次左派的、反资产阶级的以及反苏联的运动,萨特和这次运动是天

124

然的盟友。他再次以自由的到来为动机,发出声音支持他们的主张。他最后的政治盟友是法国的毛主义者们。在 1970 年,他收到担任毛派报纸《人民事业》(*La Cause du Peuple*)的主编的邀请。为了保卫言论自由,他答应了这一邀请。在那时他并不熟悉这一组织的政治立场,但对此却越来越感兴趣。他被他们和工人间的密切关系、他们的革命态度以及他们对具体行动的渴望所吸引。和法共相比,毛主义者在意识形态上和萨特的自由主义者式的社会主义更接近。和以前一样,他没有正式加入这一组织。一方面他想要具体而积极地为解放和自由而工作,另一方面他也想保留自己作为一个批评者的立场,因此他扮演的是介入的知识分子这样一个角色。

小　结

125

　　萨特的政治活动是对他的"介入的文学"的一个补充。尽管和法共的社会主义意识形态相近,萨特和他们的关系却非常紧张和困难。双方在 1950 年代早期走得比较近,萨特在那时成了一个"共产主义者的同路人"。但是当萨特严厉批评了苏联于 1956 年对匈牙利的侵略后,双方渐行渐远。同时,萨特一直对政治保持思考,并对马克思主义提出了一种分析,希望能够将其和存在主义联系在一起。他的《寻求一种方法》就是这一反思的结果。在《辩证理性批判》中,萨特把自为作为一种可以在团体中行动的历史和社会的存在来理论化,从而修复了萨特早期哲学关注人际冲突的缺陷。通过他的政治介入以及学习了马克思主义后的理论写作,萨特保持了自己对自由的坚持,以及对在世间行动从而让自由发展的信念。

萨特之后

　　毫无疑问,萨特作为一个"总体的知识分子"(total intellectual),在 20 世纪留下了浓墨重彩的一笔。他的写作,以及他多次对社会状况的介入,都改变了我们理解世界的方式以及我们在世界中的位置。他的影响力遍及文学、戏剧、政治以及——最重要的——哲学。

　　一方面他通过自己的存在主义哲学来思考马克思主义,另一方面他认为马克思主义是"我们时代的哲学"。他的观点是每个时代都扎根于一种哲学中,每一个作家和哲学家的写作都会考虑到这一哲学——不管是用这种哲学语言写作还是批判这一哲学。我们可不可以这样来描述萨特呢? 他是不是那个"我们时代的知识分子",所以每个作家和哲学家不管有意无意都在和他对话呢? 约翰·格拉斯(John Gerassi)写作的传记《让-保罗·萨特:他那个世纪被仇恨的良心》(*Jean-Paul Sartre: Hated Conscience of his Century*,1989)和伯纳德-亨利·列维(Bernard-Henri Lévy)的《萨特的世纪》(*Le Siécle de Sartre*,2000),他们的标题都表达了萨特是 20 世纪的那个思想家——每个人思考和写作时都会同意或者反对的人——

这一个意思。就像我在这本书里展示的那样,从 1930 年代开始,萨特一直活跃于法国知识分子界,直到他 1980 年去世。他的哲学在 1940 年代后期以及 1950 年代早期无疑是非常有吸引力的,但之后存在主义的衰落也意味着萨特要从知识分子界的中心向边缘移动。在那之后他仍然非常有影响力,但是是以一种不同的方式。

在这一总结的章节中,我们会评价萨特存在主义的重要性以及之后的哲学运动的影响。我们以讨论萨特的思考从多大程度上偏离了传统的理性主义哲学开始了我们的探讨。他通过文学和哲学作品来阐明的存在主义,提供了一种理解处于世间的人类主体的新的方式。其他诸如结构主义、后结构主义以及解构主义等哲学运动也为我们提供了新的理解方式。我们会看到这些哲学运动和萨特的关系,我们也会看到这些哲学运动的一些关键思想家的很多观点也受到了萨特的影响。首先我们会讨论萨特的《存在与虚无》是怎么通过影响萨特最亲密的同代人西蒙娜·德·波伏瓦从而影响了女权主义的发展。

影响这一棘手的问题

在她的写作中,波伏瓦多次宣称她只是采纳了萨特的存在主义中的一些宗旨。当被问到她的作品及其与萨特的作品的关系时,她说萨特是哲学家,而自己不是 (比如在和玛格丽特·西门斯 [Margaret A.Simons] 的访谈中)。当被问到自己是不是有可能影响了萨特时,她拒绝这样的观点:她不过是个作家;既然她没有在做哲学,她怎么可能影响了萨特的哲学呢? 对研究她的学者来说波伏瓦的如此言论非常恼人。埋首于波伏瓦的写作中,他们很明显地发现了她的哲学原创性,并且希望能够证明尽管她的想法和萨特的有交集,这些想法的确是她自己的。最近出版的波伏瓦学生

时代的日记(1926—1927)表明在碰到萨特之前这个年轻的女人已
经有了自己关于存在主义的思考了。

　　一些学者指出了波伏瓦对一些想法的阐释影响了萨特的哲学
发展。打个比方,在第 3 章,我们提到索尼亚·克鲁克斯证明了波
伏瓦对萨特自由这一概念的影响(Kruks, Teaching Sartre About
Freedom)。2008 年波伏瓦的百年诞辰又为评价萨特和波伏瓦的哲
学之间的关系和相互影响提供了一个新的机会。他们两人之间互
相影响,他们分享想法、一起思考,有时也与对方想法相反(见
Daigle and Golomb [eds.], *Beauvoir and Sartre*: *The Riddle of Influ-
ence*)。

　　在这个意义上,波伏瓦和萨特一起思考,有时想到一块,有时
背道而行。她是和萨特一起,才想出了《皮洛士与齐纳斯》中的筹
划和人际关系这些概念。但她通过思考这些关系的模糊性以及人
所处的具体情境超越了萨特。类似地,在 1947 年的《模糊性的道
德》中她也阐明了自由这一概念,她对自由细致和精炼的讨论是萨
特当时所不及的——萨特要到 1950 年代才会思考到这个地步(见
第 3 章)。波伏瓦所认定的具体情境的重要性是当时的萨特所不
能接受的,她还区分了本体论的自由和伦理的自由,这一区分后来
也影响到了萨特(见 Kruks)。在她的著作《第二性》(1949)中,波
伏瓦把她对女人意味着什么的分析建立在"存在先于本质"这一存
在主义概念之上。尽管没有提到萨特,她在简介中提到"我们的视
角是从存在主义伦理观出发的"(*The Second Sex* xxxiv)。因为存在
先于本质,因此谈论女人应该肉身化一种永恒的女性或一种女性
本质从根本上就是错误的。她评价道:"女人不是生来就是女人
的,而是变成女人的"(*The Second Sex* 267)。所有人之所是都是由
他们自己造就的,并不存在所谓的命运,一个女性存在可以选择是

129

否把自己变成一个女人。和萨特一样,波伏瓦认为人造就自己并
为造就成的自己负全部责任,但是就像我们会看到的那样,她在对
身体和性方面的思考和萨特不同,甚至超越了萨特。

　　我们在第 5 章中看到女性主义者对萨特关于性的讨论持非常
批判的态度。更具体一点,有些学者认为他的观点是父权主义的
和性歧视的。尽管波伏瓦总的来说没有公开地批评过萨特的观
点,她在《第二性》中表达的观点是对萨特的一种批判性的挪用。
波伏瓦把萨特的哲学作为一个跳板来超越他。萨特并没有讨论意
130　识总是肉身化的这一点是怎样影响意识作为性的存在的,而在波
伏瓦的论述中这一点却是关键所在。由此她通过对性和性别的思
考把萨特的存在主义和现象学哲学发展到了一个更深刻的地步。
波伏瓦的作品成为了女性主义和性别理论的奠基性文本(比如像
美国后结构女性主义者茱迪丝·巴特勒就指出了萨特的哲学对她
本人的影响非常大)。波伏瓦的这个例子说明萨特的影响力比表
面上看起来更深远,并在看似无关的哲学领域里发挥了重要的
作用。

结构主义和后结构主义

　　当萨特和其他一些哲学家正在引领存在主义这一哲学运动的
时候,另一个哲学潮流也正在兴起——以米歇尔· 福柯、克劳德·
列维-斯特劳斯(1908—2009)、雅克 · 拉康(1901—1981)以及
罗兰·巴特(1915—1980)为代表人物的结构主义。总体来说,存
在主义和结构主义被视为互为对立的;两个阵营之间的相互攻讦
和批评也进一步加深了这一看法。但是,有些学者认为萨特和结
构主义之间的相似之处比相异之处更多。在一篇名为《萨特式结
构主义?》(Sartrean Structuralism?)的文章中,彼得 · 考斯(Peter

Caws)认为,"萨特像福柯一样拒绝被称为一个结构主义者,但这并
不妨碍我们把他算入结构主义这一边"(Caws,Sartrean Structuralism
314)。考斯认为两种哲学在最根本的地方是不相容的,但两者从
理论和存在两个不同的角度出发提供给我们的比任何一者单独能
提供的都更多。

　　列维-斯特劳斯和福柯的结构主义关注结构和"有意义的整
体"。它关注"语言、亲属关系、政治实践"的结构,并关注这些结构
是如何被建立和如何运作的。结构主义者在考察结构的时候常常
会远离人这一元素。就像考斯所说的那样:

> 　　最后的结局就是一个关于人类世界但又远离人类本身的
> 理论。这是萨特所不能忍受的;他对结构主义的批判总是聚
> 焦于结构主义没有给人的主体性和实践留下位置这一点。
>
> 　　　　　　　　　　　　　　(Caws,Sartrean Structuralism 297)

131

尽管萨特试图承认结构在世界中起到的作用,但这个世界对他来
说仍然是由意识通过行动和理解来创造的。

　　我的一个教授,结构主义的忠诚追随者,曾经这样描述萨特:
"萨特?呸!那主体性的臭味!"他通过这一言论来总结结构主义
和存在主义的区别。的确,萨特和结构主义者关于行动的个人有
不同的看法,因为结构主义者认为结构有着自己的所谓的生命。
对萨特来说,结构的存在离不开人对它们的使用。作为处于具体
情境中的意识,人受到这些结构的影响。而正因为人总是处于情
境中的,去理解这些结构也变得很重要。因此结构构成了个人所
处的情境。理解结构可以让我们更好地理解个人。对萨特来说,
两者不可分离。考斯总结道"列维-斯特劳斯抛弃了主体性和能动

性,转而关注结构的本体客观性。对萨特来说主体的消逝和对结构的物化(reification)都是不可想象的"(Caws, Sartrean Structuralism 308)。尽管考斯的讨论关注的是萨特和列维-斯特劳斯,但他的结论对其他结构主义者也一样适用。

无论结构主义者想怎么把主体消灭掉(从部分的消灭到福柯所宣告的主体的死亡),是萨特对传统观念下的主体性的拒绝和修改才让结构主义对主体的激进拒绝变得可能。事实上,就像克里斯蒂娜·霍薇尔斯(Christina Howells)指出的那样,萨特在《辩证理性批判》中已经宣称了人之不可能。根据她的解释,萨特在《恶心》中已经拒绝了个人主义式的人道主义,并且在《自我的超越性》中指出自我(self)是一种俗世的建构(a worldly construct)(Howells 327)。因此早在1930年代萨特就为结构主义对主体的激进观念奠定了基础。对萨特来说,就像我们之前讨论过的,不管多么微弱,主体总是能扮演一定的角色的,因为"……主体可能被延宕、被消解和被解构(deferred, dissolved, and deconstructed),但其不会被废除(relinquished)"(Howells 342)。和萨特相对(我认为这一"相对"是由于萨特早期哲学中对自我的解构才变得可能的),结构主义者把主体完全地消灭了。福柯和德里达宣告了主体的死亡,拉康激进地去中心化了主体,德勒兹和加塔利把"我"用"它"来代替,在他们的反偶像式的批判中"我思考、我言说"变成了"它拉屎"(Howells 344)。

尽管后者听上去有些惊人,但却和《自我的超越性》中前反思的意识(pre-reflective)这一概念很相似。萨特在《自我的超越性》中用"这儿有意识,因此我存在"取代了"我思故我在"。既然这样,为什么结构主义者这样严厉地批判萨特呢? 他们还误解了萨特对主体的看法,认为他接近某种传统的观点。尽管一些结构主义者一直对萨特持非常批判的态度,并不是所有的结构主义者都轻视萨特的哲学。比如罗兰·巴特和贝托尔特·布莱希特一样,都认为萨特对他们的思想产生了很大的影响。尽管和萨特在理论上有一定的距离,巴特却是萨特忠实的读者,并在评论中对萨特多有赞同。比如他对萨特对波德莱尔和热内的存在主义精神分析(existential psychoanalysis)赞赏有加,因为萨特不仅仅研究作品还研究作者本身。而巴特自己的立场,简单来说,是在文学分析中作者应该缺席。

吉尔·德勒兹(1925—1995)对萨特是他的导师这一点直言不讳(见 1964 年 11 月《艺术》[Arts] 杂志中的访谈)。德勒兹认为他在战后创造了一种新的生活方式和一种新的做哲学的方式。对于萨特能够从现象学中汲取内在性(immanence)这一概念(即人存活的这个世界),德勒兹也非常欣赏。雅克·拉康也承认了萨特对他的精神分析理论的影响。更具体一点,他非常赞同萨特在《自我的超越性》和《存在与虚无》中对自我(ego)的分析。不过拉康关于自我的形成的立场和萨特仍旧不同——拉康认为自我的形成是语言系统内部运作的结果。著名的社会学家皮埃尔·布迪厄(1930—2002)自从 1960 年代以来就在政治上很积极,他认为萨特的介入的知识分子这一概念非常关键。他认为这一概念必须被保卫,知识分子必须像萨特所提出的那种方式在政治上活跃起来。在理论上,布迪厄借用了萨特现象学中的一些概念用在自己的分析中,从而来抵抗结构主义的非人化(dehumanization)。在萨特的帮助下,布迪厄试图在结构中保持人的位置。

尽管福柯和萨特在哲学上相抵触,他们一起经历了一些政治战役(两人都支持了 1968 年 5 月的学生暴动)。福柯本身对萨特的哲学持非常批判的态度。他是这样评价的:"《辩证理性批判》是一个 19 世纪的人试图思考 20 世纪的一次伟大而悲哀的尝试。"
(这让人想起福柯的老师路易·阿尔都塞对萨特的《存在与虚无》
和《辩证理性批判》的评价：它们是两本长篇小说!）然而,福柯晚期
转向自我的关怀(the care of self）说明他和萨特一样对本真性有伦
理上的关怀。但是福柯和萨特的自我(self)的观念是不同的：前者
认为它是结构的产物而后者认为自我首先引发了结构。

在总结我们关于影响这一话题的讨论时,我们必须考虑萨特
和德里达(1930—2004）之间的关系。德里达一开始对萨特的哲学
持非常批判的态度,谴责了萨特的人道主义和关于主体的形而上
学的看法。参与到解构和消解主体这一运动中的德里达接受不了
萨特对于个人意识的关注。但是,德里达后来的立场有所松动,他
不再认为主体被消解了,而认为主体被重新理解和重新放置
了(reinterpreted and resituated）。对后期的德里达来说,重新理解
"主体"非常重要,我们"不应该幼稚地把'主体'(the Subject) 当作
一种已经被抛弃的神秘的实体来讨论"(Howells 349)。自从多年
前通过阅读萨特熟知了胡塞尔、海德格尔和布朗肖后,德里达和萨
特渐行渐远,直到晚期才因为自己对主体的立场而让他和萨特的
距离拉近。

其他继承者

如果认为萨特对哲学的影响仅仅体现在结构主义和后结构主
义上,那就大错特错了。其他很多思想家都可以说是受到了他的
影响。法国思想家阿兰·巴迪欧、让-吕克·南希、米歇尔·亨利
(Michel Henry)、安德列·高兹(André Gorz)，以及弗朗西斯·让松
(Francis Jeanson)等对 20 世纪人类经验的思考都在某一方面受到
了萨特的鸿篇巨制的影响。有趣的是,心灵分析哲学家越来越对

134

萨特关于意识的分析感兴趣。尽管萨特自己的戏剧作品被划分为传统的戏剧,他关于文学和戏剧的理论一直在文学研究领域受到关注。

在评价萨特哲学遗产的过程中很有意思的一点是,很多人都拒绝承认自己是萨特哲学的继承者。在某些个别例子中,似乎因为萨特早已被唾弃,人们不愿承认萨特对自己的影响。米歇尔·吕巴尔克(Michel Rybalka)谈论了法国知识圈的"萨特恐惧症"(Sartrophobia)(*Dictionnaire Sartre* 36-7)。吕巴尔克解释了是否欣赏萨特是一个政治举动:左派人士欣赏萨特,而右派人士却并不怎么欣赏他。我认为这一"萨特恐惧症"其实也蔓延到了追随萨特的那些哲学家和学者。因为在结构主义和后结构主义运动中主体这一概念受到了唾弃,人们更愿意投向海德格尔而不是萨特的怀抱。的确,海德格尔的此在(Dasein)(他用来指称在世间存在的人的关键词汇)似乎是非个人的(impersonal)。因此对于一种宣称已经摆脱了主体的哲学来说,此在比萨特的自为(沉浸在世间的一个意识)更加适用。但是毫无疑问,萨特的思考在多方面影响了新一代的哲学家的分析,促使他们去反驳他、超越他或者和他一起思考。

政治遗产

在他的文章《萨特的世纪:为什么现在谈萨特?》(The Sartre Centenary:Why Sartre Now?)中,威廉·麦克博雷德认为萨特的遗产不仅体现在哲学上而且也体现在政治上。萨特的政治立场常常引起争议,在他活着的时候引发了各种反应,甚至直到今天还是如此。一本法国杂志《故事》(*L' Histoire*)在一期特刊中问了这样一个问题"萨特总是错的吗?",对麦克博雷德来说,萨特不仅不总是错的,而且他常常是对的,甚至能帮助我们思考现在的政治现实。

这个世界在萨特的时代以后变了多少？可能最大的变化是
1980 年代末东方集团（Eastern bloc）和共产主义政权的瓦解。然而

135   这一瓦解并不意味着所有压迫政权的瓦解：这个世界在国族和国
际层面上都非常不平等。在国族层面，大多数国家都受阶级区分
和经济不平等的问题所困扰。在国际层面，"第一世界"和"其他世
界"（"第二"、"第三"以及甚至"第四"）之分比以往更甚，并且以很
快的速度加剧。麦克博雷德建议道：

> 这个世界陷入了一个极端病态的处境，贫富差距显而易
> 见地比以往更大，每天都充斥着选举和其他政治过程正在带
> 来民主结果这样伪善的言论［…］情况的转变使萨特对当代
> 社会根本上的不平等感到的愤怒变得比他偶尔的政治错误更
> 重要——更重要也更有正当性。
>
> （McBride 455-6）

如果这个世界仍旧不能使每个人的自由都得到发展，如果这个世
界的权力结构仍旧和原来一样，那么就像麦克博雷德和其他很多
人所说的那样，萨特的哲学仍旧可以被用来理解世界并且提出解
决方案。

今天的萨特

萨特研究这一领域一直非常活跃，一直有关于萨特的书和文
章出版和发表，还有关于他的会议在全球举行。你可以在本书的
末尾找到带注释的参考文献。在这儿我想讨论一些吸引学者们的
主题。

萨特对现象学的贡献在当下引起了很多兴趣。许多学者正在

研究萨特 1930 年代的著述以及他是如何挪用胡塞尔的现象学的。
文森特·德·库尔拜特(Vincent de Coorebyter)新版的《自我的超
越性》(2003)给予这一研究思路新的动力。与此相关的是,学者们
也正在研究现象学和存在主义之间的关系。梅洛-庞蒂则与此不
同,他的哲学更多是认识论(epistemological)路径的。

学者们也一直对《辩证理性批判》和其他的政治文本感兴趣,
因为这可以帮助他们更好地理解异化(alienation)、他性(alterity)、
压迫(oppression)、实践(praxis)、团体行动(group action)以及——
更广义的——历史本身。在这个意义上,弗林的《萨特、福柯以及
历史理性》(*Sartre, Foucault, and Historical Reason*, 1997)富有成效地
让萨特和福柯相遭遇。萨特的其他政治著述也受到了很多关注,
比如他为法农(Fanon)的《地球上受苦受难的人》(*The Wretched of
the Earth*)所著的前言以及他的《反犹者和犹太人》。前者被用在
了种族批判理论和对压迫的分析中,后者则引发了学者们对萨特
和犹太主义之间联系的兴趣(乔纳森·乔达肯[Jonathan Judaken]
的《让-保罗·萨特和"犹太问题":反反犹主义和法国知识分子的
政治》[*Jean-Paul Sartre and 'the Jewish Question': Anti-anti-semitism
and the Politics of the French Intellectual*, 2006]探讨了这一问题)。
另一个有趣的主题是暴力。有很多研究是关于萨特哲学中的暴力
问题的。暴力既是一个政治问题也是一个伦理问题。令人惊讶的
是,推崇自由的萨特却支持正当的暴力。这让很多试图理解萨特
思想的人感到困惑。罗纳德·桑托尼(Ronald Santoni)的书的标题
很好地表达了这一困惑:《萨特谈暴力:奇异的矛盾》(*Sartre on Vio-
lence: Curiously Ambivalent*)。

出于很多原因,研究萨特的学者一直对伦理问题保持了很大
的兴趣。就像我们在之前的章节中讨论过的那样,伦理对萨特来

136

说是一个根本的问题,而萨特却没有给出答案。他的很多著述提出了很多伦理方面的问题,但是他从来没有写出自己承诺过的伦理学著作。在《伦理学笔记》面世之前,很多人试图从萨特已经发表的作品中提炼出一种伦理学。在《伦理学笔记》于 1983 年出版后,有很多相关研究作品面世。比如学者们解释了《伦理学笔记》中本真性以及转向他者这些概念可以和之前在《存在与虚无》以及其他出版的作品中的观点联系起来。本真性一直都是萨特研究中的关键主题。

　　萨特在当代的影响并不局限于他的哲学和政治著述。他的文学和戏剧作品也一直受到人们的关注。《恶心》同时被当作哲学和文学作品被研究。《自由之路》三部曲因其丰富多彩的风格成为了文学理论家完美的操练场。伽利玛出版社(Gallimard)所编辑的萨特的《戏剧全集》(*Théâtre Complet*, 2005)和其他的关于萨特戏剧的作品都证实了人们对他这部分作品的兴趣。萨特在《什么是文学?》中所阐述的文学理论以及他的其他文学随笔也持续吸引着人们的兴趣。

137　　萨特在哲学和其他方面与当代思想家之间的关系也是一个热门的话题。萨特并没有宣称他的思想受到过很多人的影响,但是对他的作品的细致阅读证明过去很多哲学家和作家都影响了他思想的形成。同样的,正如我在本章之前讨论过的那样,被萨特影响的思想家的人数以及这些人所活跃的各种领域都说明我们可以期待会有更多的萨特研究问世。

　　这只是对今日围绕在萨特作品周围的活动的一个简短介绍。存在主义可能不再是一个流行词汇了,但它所探讨的主题对人类经验是如此之重要和根本,直到现在这些主题还是当务之急。正是因为这个原因,我认为萨特的作品会永远激起人们的兴趣,因为其从人所活过的经验(lived experience)出发来解决问题,这一角度在当代的哲学思潮中是不多见的。因为人总是想要理解他们的经验,而把人的经验作为关注的中心的哲学——就像萨特所做的那样——必然会引发人们持久的兴趣。

进阶阅读书目

萨特的作品

在阅读这本书的同时,你一定发现萨特的确是一个多产的作家。在此我列出萨特所有的重要作品,但因为篇幅所限,我就不列出萨特所发表的单篇文章以及一些不那么重要的戏剧或者他的访谈了。作品按法文原著所发表的时间先后顺序列出。有些戏剧的标题旁边给出了两个日期,因为戏剧的首演和发表日期不同。在这些情况中,第一个是首演日期,第二个是发表日期。

1. *The Imagination* (*L' Imagination*, Paris, Alcan, 1936)

《想象》(*The Imagination*)。这一论著是萨特后来有关想象这一官能研究的一篇简介。萨特完整的研究于四年后以*L' Imaginaire*为题发表。在这一篇文章中他审视了有关想象的一些传统定义并且把它们与胡塞尔的定义相比较。

2. *The Transcendence of the Ego* (*La Transcendance de l' Ego*, initially published in *Recherches philosophiques*, no. 6, 1936-7, pp. 85-123; published as a book by Vrin in 1965, edited and annotated by Sylvie Le Bon)

《自我的超越性》(*The Transcendence of the Ego*)。这一论著对理解萨特对现象学传统的贡献非常重要。其为萨特在《存在与虚无》中所描述的有关自由意识的存在主义哲学奠定了基础。我推荐法语原版：*La Transcendance de l' Ego et autres textes phénoménologiques*. Textes introduits et annotés par Vincent de Coorebyter. Vrin, 2003。把萨特这一关键的现象学论文和他其他关于胡塞尔现象学的更短小的论文来作对比会很有益处。德·库尔佰特(de Coorebyter)为此书所写的出色的简介很好地说明了萨特的现象学路径。这一简介详细介绍了萨特的哲学道路以及他相对于胡塞尔的立场是怎么发展出来的。

3. *Nausea*（*La Nausée*, Paris, Gallimard, 1938）

《恶心》(*Nausea*)。这是萨特的第一部哲学小说，也是任何对萨特的存在主义哲学感兴趣的人的必读书目。就像我们看到的那样，这一小说触及了很多重要的主题，而这些主题在他的比如《自我的超越性》和《存在与虚无》等最重要的哲学作品中都反复出现。有些读者可能会因为这篇小说的结构（主角安东尼·罗根丁所发表的日记）而觉得它非常奇怪，但这一小说绝对值得花费一些精力去阅读。

4. *The Wall*（*Le Mur*, Paris, Gallimard, 1939）

《墙》(*The Wall*)。这是萨特所发表的短篇故事的唯一合集。本书由五个短篇组成，每一篇都从某一角度探索了主角们有一缺陷的人生。本书一经面世即大获成功。通过自欺和本真性等概念来阅读本书将会是一个很有趣的角度。

5. *A Sketch for a Theory of the Emotions*（*Esquisse d' une théorie des émotions*, Paris, Hermann, 1939）

《情感理论初探》(*A Sketch for a Theory of the Emotions*)。这一

论著探索了意识和它的情感以及世界的关系。因此这一论著超越了认为意识仅仅是一种认知功能的认识。康塔特(Contat)和李巴尔卡(Rybalka)认为本书是对《存在与虚无》的最好的介绍。

6. *The Imaginary* (*L'Imaginaire*, Paris, Gallimard, 1940)

《想象》(*The Imaginary*)。这一研究是 1936 年发表的《想象》(*The Imagination*)的重新创作的第二部分。萨特探讨了诸如意象和对意象的感知等话题,以及意识否定和消灭这些意象来创造自己的意象的能力。

7. *The Flies* (*Les Mouches*, Paris, Gallimard, 1943)

《苍蝇》(*The Flies*)。萨特所发表的第一部戏剧,标志了萨特有机会把自己关于自由的想法搬上舞台。这部戏剧以古典悲剧为装束,让萨特得以在被占领的巴黎谈论自由这一话题。使用这一策略,萨特愚弄了德方的审查部门。

8. *Being and Nothingness* (*L'Être et le néant*, Paris, Gallimard, 1943)

《存在与虚无》(*Being and Nothingness*)。萨特的存在主义代表作。以"关于本体论的现象学论述"为副标题,本书探讨了人类意识所经历的现实(lived reality)。运用现象学的方法,本书探索了个人意识的生命的每一个方面,并且完善了在之前的作品中已经提出的一些概念。这本书是萨特的存在主义—现象学哲学的关键。

9. *No Exit* (*Huis clos*, 1944; Paris, Gallimard, 1945)

《禁闭》(*No Exit*)。这部戏剧展现给观众的是一个不同寻常的"地狱"中三个角色之间的互动和争吵:这是一个没有窗也没有出口的房间。这部戏剧把"为他人而存在"和"注视"等概念搬上了舞台,并且上演了萨特在《存在与虚无》中所描述的人与人之间关系的冲突本质。

10. *The Age of Reason* (*L'Âge de raison*, 1945). First Volume of the trilogy *The Roads of Freedom*.

《理性的年代》(*The Age of Reason*)。和《恶心》相比,萨特以一种更传统的方式来写作这本小说。主人公马修尝试作为一个绝对自由的个人来生活,即便是在面对各种要他为自己所做的事情负责的要求时。

11. *The Reprieve* (Le Sursis, 1945). Second Volume of the trilogy *The Roads of Freedom*.

《延缓》(*The Reprieve*)。在第二卷中萨特探索了一种不同的文学技巧。整部小说是对许多不同的人物对"二战"之前的一次政治危机的体验的描述,小说内的故事历时仅数天。很多时候在阅读同一个句子时,读者已经被从一个人物带向了另一个人物。马修和第一卷中的其他一些人物通过这些事件得到了成长,我们同时也阅读到了很多新的人物。

12. *Existentialism is a Humanism* (*L'Existentialisme est un humanisme*, Paris, Nagel, 1946)

《存在主义是一种人道主义》(*Existentialism is a Humanism*)。这是对萨特在时代俱乐部的演讲的笔录,有略微改动。这一演讲的目的是为大众普及《存在与虚无》中的一些概念,并且消除了一些和日渐流行的存在主义运动有关的迷思(myth)。这一小册子被认为是萨特最平易近人的作品,但是萨特有时对这一演讲的出版感到后悔,因为他觉得读者可能会满足于阅读这一本手册而无意去阅读他的其他一些更复杂的作品。

13. *Men Without Shadows* (*Morts sans sépulture*, Lausanne, Marguerat, 1946)

《没有影子的人》(*Men Without Shadows*)。这部戏剧探讨了折磨和责任的问题。在剧中一些抗战斗士被囚入了监狱,并被想要获取有关抗战以及抗战的领导人信息的狱卒所拷问。

14. *The Respectful Prostitute*（*La Putain respectueuse*, Paris, Nagel, 1946）

《可尊敬的妓女》（*The Respectful Prostitute*）。这部戏剧探索了本真性、自欺以及道德责任等概念。主人公是一个叫做莉齐的妓女,她被强迫作伪证陷害一个黑人,而事实上犯罪的却是一个白人。她在说真话和屈从于外界压力之间挣扎。

15. *Anti-Semite and Jew*（*Réflexions sur la question juive*, Paris, Paul Morihien, 1946［Gallimard：1954］）

《反犹者和犹太人》（*Anti-Semite and Jew*）。在这本论著中,萨特从反犹主义这个角度探讨了本真性和自欺的问题。萨特从强烈反对的角度对反犹主义进行了描述,并提倡了一种反-反犹主义的立场。

16. *Baudelaire*（Paris, Gallimard, 1947）

《波德莱尔》（*Baudelaire*）。这篇文章一开始是为介绍波德莱尔的私人写作而作。萨特把关注点放在波德莱尔的个性上,而不是他的诗歌本身。因此,这篇文章可以被看做与萨特对让·热内和居斯塔夫·福楼拜的存在主义精神分析是一类的。在这篇文章里萨特探索了人最原初的选择（original choice）这一概念。

17. *The Chips are Down*（*Les Jeux sont faits*, Paris, Nagel, 1947）

《赌注已下》（*The Chips are Down*）。这是为让·德拉诺伊所导演的电影所写的剧本。萨特还为很多电影写过剧本。电影中的两个主要角色是死去的游荡孤魂。她们碰面以后被给予了一个再活一次的机会,并注定会成为灵魂伴侣,但因为一些差错这件事却没有发生。她们被给予了一天的时间相爱和实现自己的命运。但因为她们被过去所牵绊,事情变得很困难。

18. *Dirty Hands* (*Les Mains sales*, 1948)

《肮脏之手》(*Dirty Hands*)。这是一部政治戏剧。这部戏剧因为描述共产党的方式而变得很有争议,萨特后来还得解释他创作这部戏剧的真正目的。雨果是一个来自资产阶级家庭的年轻人,后来成为了共产党领导人霍德雷尔的秘书。他被下达了谋杀霍德雷尔的任务,因为霍德雷尔被认为和资产阶级有勾结。雨果非常犹豫,因为他变得开始喜欢霍德雷尔这个人了,发觉很难完成自己的任务。

19. *Iron in the Soul* (*La Mort dans l'âme*, Paris, Gallimard, 1949). Third Volume of the trilogy *The Roads of Freedom*.

《灵魂中的铁》(*Iron in the Soul*)。在这一卷里萨特又回到了更古典的小说风格。小说的第一部分围绕马修展开,马修是一个参与了战争的士兵,他决定要用自己的自由为他人服务。第二部分则围绕布吕内展开,他成为了一个战囚,并试图完成共产党的计划。与此同时,他被自己当初要永远遵从党的路线的决定所困扰,并就有关自己自由的问题拷问自己。

20. *The Devil and the Good Lord* (*Le Diable et le bon Dieu*, Paris, Gallimard, 1951)

《魔鬼与上帝》(*The Devil and the Good Lord*)。这部戏剧探讨了信念、无神论、道德责任以及价值。主人公经历了各种阶段得到了成长,并试图通过认识到上帝并不存在以及他是价值的唯一创造者来实现自由。

21. *Saint Genet, Actor and Martyr* (*Saint Genet, comédien et martyr*, Paris, Gallimard, 1952)

《圣徒热内,演员和殉道者》(*Saint Genet, Actor and Martyr*)。

这本书是萨特为让·热内的全集所做的简介,是这个全集的第一卷。这一杰出的作品不仅仅是对热内的介绍。在这本书中,萨特再次使用了他在《存在与虚无》中所呈现的存在主义精神分析原理,并且将其与马克思主义分析相结合。

22. *Search for a Method* (*Questions de méthode*, in *Les Temps modernes*, nos. 139 and 140, 1957; as the first section of *Critique of Dialectical Reason*, Paris, Gallimard,1960 and as a single book in 1967)

《寻求一种方法》(*Search for a Method*)。在这一论著中,萨特解释了为什么存在主义和马克思主义是相容的,以及为什么马克思主义模式的分析是非常重要的。同时他也认为对这一方法的某些具体应用需要保持批判的态度。

23. *The Condemned of Altona* (*Les Séquestrés d' Altona*, 1959, Paris, Gallimard, 1960)

《阿托那的审判》(*The Condemned of Altona*)。对道德责任和处于情境中的自由等概念作了戏剧上的探索。弗朗兹·冯·古尔拉赫坚持与世隔绝,这一决定也影响了他的家庭。他在 13 世纪的居民———一群螃蟹所组成的法庭面前作证词和正当化自己。

24. *Critique of Dialectical Reason* (*Critique de la raison dialectique*, précédé de *Questions de méthode*, Paris, Gallimard, 1960)

《辩证理性批判》(*Critique of Dialectical Reason*)。这一重要作品是对处于集体(group)中的历史性个人的体验的分析。萨特之前的作品总把自为孤立开来,而在这本书中自为是政治和社会的存在,其与社会结构和压力互动。

25. *Words* (*Les Mots*, Paris, Gallimard, 1964)

《语词》(*Words*)。萨特的自传是一个长期的工程。最后的成果即是这本精彩的作品,在这本书里萨特有意重访了自己早年的生活。他根据两个明确的主题来重新阐释自己的童年:阅读和写作。这本自传也可以通过萨特的存在主义精神分析理论的角度来阅读。只是这次他是那个被研究的对象。

26. *The Family Idiot* (*L' Idiot de la famille*, Paris, Gallimard, first two volumes in1971, third volume in 1972)

《家庭白痴》(*The Family Idiot*)。这一不朽的作品并未被完成。萨特的眼盲导致他未能完成这一工作。家庭白痴指的是 19 世纪的作家居斯塔夫·福楼拜,萨特年纪很小的时候就接触到了他的作品。对福楼拜着迷,萨特遂着手研究是什么让福楼拜成为了福楼拜。

27. *Situations* I to X

《情境1》至《情境 10》:于 1947 年到 1976 年间由伽里玛出版社出版,这几卷名为《情境》的书是萨特各种长度和重要性不等的文章的一个合集。有些文章和当时的现实以及政治事件息息相关,有些则讨论一些永恒的问题,比如文学的本质(在《什么是文学?》中得到讨论,见《情境2》)。很多讨论政治的重要文章都可以在这个系列中找到。但是,有时很难找到一些文章的英文版,因为这个系列并没有被系统地翻译,而已面市的版本的内容并不完全和《情境》书系完全对应。

身后出版

除了这些已发表的作品外,萨特还有一些他因各种原因不愿发表的作品,其中的一部分在他过世后出版了。还有一些手稿依然没有出版和面市。他最重要的身后出版物如下:

1. *War Diaries* (*Carnets de la drôle de guerre*, Paris, Gallimard; 1983 版由五本笔记组成,现存的英文版据此翻译而成; 1995 版又多了一本笔记,从年代上算是第一本,目前还没有英文版面世)

《战时日记》(*War Diaries*)。萨特于 1939 年 9 月征召入伍到他于 1940 年被捕期间的日记。在这些日记里萨特谈论了自己的日常生活,也谈论他的阅读,并对一些重要主题进行哲学思考。很多部分实际上是《存在与虚无》的草稿。

2. *Notebooks for an Ethics* (*Cahiers pour une morale*, Paris, Gallimard, 1983)

《伦理学笔记》(*Notebooks for an Ethics*)。创作于 1947 到 1948 年间,这些笔记是萨特在《存在与虚无》的基础上发展出一种伦理观的努力的成果,他试图为本真性这一问题找到一个解决方法。在完成 10 本笔记后萨特放弃了这一工作。这个版本出版了其中的 2 本,其他几本都没有找到。它们可能已经被销毁了。

3. *Truth and Existence* (*Vérité et existence*, Paris, Gallimard, 1989)

《真理和存在》(*Truth and Existence*)。萨特继《伦理学笔记》之后的一个作品。萨特探讨了真理这一问题,以及其对处于主体间性领域的意识所带来的影响。据使这一论著得以发表的阿蕾特·艾尔卡姆-萨特(Arlette Elkaim-Sartre)猜测,是萨特于 1948 年对海德格尔的论文《论真理的本质》(On the Essence of Truth)的阅读驱使他去为自己澄清真理这一概念。

4. *Critique of Dialectical Reason*, volume 2 (*Critique de la raison dialectique*, vol. 2,Paris, Gallimard, 1985)

《辩证理性批判(第二卷)》(*Critique of Dialectical Reason*, volume 2)。第二卷探讨了历史以及历史的可知性(intelligible)的问题。是对探讨处于社会环境下的个人的第一卷的一个重要补充。

5. *Lettres au Castor et à quelques autres*, volume 1：1926-39 and volume 2：1940-63（Paris, Gallimard, 1983）

《致海狸及其他人的信》（*Lettres au Castor et à quelques autres*）。第一卷和第二卷被分别翻译为《我生活的见证人：让-保罗·萨特写给西蒙娜·德·波伏瓦的信》和《一场战争里的寂静时刻：让-保罗·萨特写给西蒙娜·德·波伏瓦的信》。这些信札由波伏瓦在萨特离世后发表。这些信札和波伏瓦写给萨特的信札（于波伏瓦离世后发表）是全面地理解这两个知识分子多样的人生的珍贵资料。

关于萨特的二手文献

1. Perry Anderson, Ronald Fraser, Quintin Hoare, and Simone de Beauvoir. （2006） *Conversations with Jean-Paul Sartre*. London：Seagull Books

《和萨特的对话》（*Conversation with Jean-Paul Sartre*）。萨特的三个访谈的合集。名为《一种思想的旅程》和《帝国主义道德观》的两篇访谈分别于 1969 年和 1967 年于《新左派评论》上发表。由西蒙娜·德·波伏瓦所进行的访谈《西蒙娜·德·波伏瓦向让-保罗·萨特发问》于 1975 年在《虹》杂志上发表。这些访谈展现给我们的是一个谈论自己的思想的各个方面以及世界的政治形势的成熟的萨特。正是在 1969 年的那个访谈中萨特表达了对自己早期关于绝对自由的立场的不赞成："太难以置信了，我当时竟然相信绝对自由！"（第 5 页）。

2. Thomas C. Anderson (1979) *The Foundation and Structure of Sartrean Ethics*. Lawrence：The Regents Press of Kansas

《萨特伦理观的基础和结构》（*The Foundation and Structure of Sartrean Ethics*）。这是安德森试图搞清楚一种萨特伦理观会是怎么样而著的两本书的第一本。安德森分析了《存在与虚无》以及《伦理学笔记》。另外，他还把波伏瓦的《模糊性的道德》当作《存在与虚无》中所呈现的伦理观的一种表现。

3. Thomas C. Anderson. *Sartre's Two Ethics. From Authenticity to Integral Humanity*. Chicago and LaSalle：Open Court, 1993

《萨特的两种伦理观：从本真性到整体的人性》(*Sartre's Two Ethics. From Authenticity to Integral Humanity*)。安德森关于萨特伦理观的第二本书分析了萨特1950年代的写作。安德森探讨了萨特思想是怎么从1940年代关于个人的一种哲学发展到罗马演讲和康奈尔笔记所展现出来的向他者打开的一种哲学的。

4. Ronald Aronson (2004) *Camus & Sartre. The Story of a Friendship and the Quarrel that Ended it*. Chicago and London：The University of Chicago Press

《加缪和萨特：关于一场友谊以及结束这一友谊的争吵的故事》(*Camus & Sartre. The Story of a Friendship and the Quarrel that Ended it*)。在这本书中，阿伦森讨论了加缪和萨特之间的关系，他从两人相遇那刻开始一直讨论到两人决裂以后。阿伦森认为两人之间的关系非常复杂，而两人之间的决裂既有政治上的也有哲学上的原因。这本书把传记和哲学史结合在了一起。

5. Ronald Aronson (1987) *Sartre's Second Critique*. Chicago and London：The University of Chicago Press

《萨特的第二批判》(*Sartre's Second Critique*)。在本书中阿伦森提供了关于《辩证理性批判(第二卷)》的一个导读和评注。第二卷的手稿直到1985年才以法文出版，并于2006年被翻译成英文。阿伦森的评注颇具权威性，因为其不仅仅是对第二卷内容的描述，还是对其的解释。考虑到萨特原文的晦涩，这一评注对任何对第二卷感兴趣的人来说都是必读的。

6. Ronald Aronson and Adrian van den Hoven (eds.) (1991) *Sartre Alive*. Detroit：Wayne State University Press

《活着的萨特》(*Sartre Alive*)。这一重要的集子由探讨萨特哲学的方方面面的论文组成。罗伯特·斯通(Robert Stone)和伊丽莎白·波曼(Elizabeth Bowman)的文章是这些重要的论文中的一篇,她们讨论了萨特为康奈尔大学会议所准备的未出版的演讲笔记(萨特因为抗议越战而取消了自己的行程)。集子里还有一篇由重要的萨特学者皮尔·福斯特拉腾(Pierre Verstraeten)对萨特所进行的访谈。

7. Simone de Beauvoir's autobiographies: Mémoires d'une jeune fille rangée (1958), La Force de l'âge (1960), La Force des choses (1963), Tout compte fait (1972), La Cérémonie des adieux suivide Entretiens avec Jean-Paul Sartre, août-septembre 1974 (1981)

西蒙娜·德·波伏瓦的自传（按时间先后顺序）:《一个顺从的女儿的回忆录》(*Memoirs of a Dutiful Daughter*),《岁月的力量》(*The Prime of Life*),《环境的力量》(*Force of Circumstance*),《所说所做》(*All Said and Done*),《告别:向萨特辞行》(*Adieux：A Farewell to Sartre*)。这五本书从波伏瓦的角度谈论这对伴侣的人生。第一本书着重于波伏瓦自己的童年和青年时期,但在书的末尾谈到了和萨特的相遇。从这以后,萨特就在剩余的自传中扮演了一个中心角色。最后一本书用悲伤的口吻讲述了萨特的末年。波伏瓦并不回避描述她的伴侣的缓慢而明确的衰亡。

8. Linda A. Bell (1989) *Sartre's Ethics of Authenticity*. Tuscaloosa：University of Alabama Press

《萨特的本真性伦理观》(*Sartre's Ethics of Authenticity*)。与许多认为萨特的伦理观是有问题的或者是不可能的不一样,贝尔认为聚焦于本真性和扮演（play）等概念可以让我们在萨特的作品中找到一种可行的伦理观。

9. Jean-Pierre Boulé (2005) *Sartre, Self-Formation and Masculinities.* New York and Oxford：Berghahn Books

《萨特，自我形成与男性气概》（*Sartre, Self-Formation and Masculinities*）。波尔的研究是对萨特的社会性别的形成做的一个心理社会分析的成果。波尔重点关注萨特童年经历和社会性别的倾向对他成长的影响，从萨特的写作来研究他的人生，用他的人生来研究他的写作。

10. Robert Bernasconi (2006) *How to Read Sartre.* London：Granta Books

《如何阅读萨特》（*How to Read Sartre*）。这是一本导读性质的书，重点探讨了萨特哲学中的一些关键主题和概念，比如他者、偶然性、自欺、自由、本真性以及暴力。

11. Joseph S. Catalano (1980) *A Commentary on Jean-Paul Sartre's Being and Nothingness.* University of Chicago Press. And Joseph S. Catalano (1986) *A Commentary on Jean-Paul Sartre's Critique of Dialectical Reason, volume 1, Theory of Practical Ensembles.* The University of Chicago Press

《让-保罗·萨特的〈存在与虚无〉评注》（*A Commentary on Jean-Paul Sartre's Being and Nothingness*）和《让-保罗·萨特的〈辩证理性批判（第一卷）〉评注》（*A Commentary on Jean-Paul Sartre's Critique of Dialectical Reason, volume 1, Theory of Practical Ensembles.*）。卡特雷诺的评注帮助读者理解萨特作品中最晦涩的两本。它们对这两本著作提供了导读，并阐明和解释了书中的理论。卡特雷诺的解释对初学的读者会很有帮助，对那些觉得萨特的理论有些复杂的学者来说，这本书也不无益处。

12. Joseph Catalano (1996) *Good Faith and Other Essays：Perspectives on a Sartrean Ethics*. Lanham：Rowman and Littlefield

《良信和其他论文：关于一种萨特伦理观的看法》(*Good Faith and Other Essays：Perspectives on a Sartrean Ethics*)。在这本书中卡特雷诺同时涉及了早期和晚期的萨特，探讨了诸如注视、第三方以及融聚集团等概念的伦理内涵。他提供了关于本真性的一种萨特主义式的看法，并审视了良信和自欺等概念。

13. Peter Caws (1979) *Sartre*. London：Routledge

《萨特》(*Sartre*)。考斯这本关于萨特的书对萨特哲学的方方面面进行了学术审视。其涉及了意识的本质，自为和他人的关系，自由，政治以及道德等问题。是一个综合性的研究。

14. Annie Cohen-Solal. *Jean-Paul Sartre：A Life*. New York：New Press, 2005 (translation of Annie Cohen-Solal, *Sartre. 1905—80*, Paris：Gallimard, 1985)

《让-保罗·萨特：一种人生》(*Jean-Paul Sartre：A Life*)。这是本最全面的传记。其他传记都有涉及萨特一生的某些方面，但这本还有更多的东西。法文原著共 960 页，其目的是想要把萨特的整个存在的方方面面都呈现出来。这本书用一种出色的手法把个人传记和智性传记成功地结合起来。对任何对萨特的生平和他思想的源起感兴趣的人来说，这是本必读书目。

15. Michel Contat and Michel Rybalka (1973) *The Writings of Jean-Paul Sartre*. Evanston (IL)：Northwestern University Press

《让-保罗·萨特的写作》(*The Writings of Jean-Paul Sartre*)。这是伽里玛出版社于 1970 年出版的法文原版的英译本。这本鸿篇巨制包含了对萨特的所有作品(他所写的、所出版的以及所进行过的访谈)的详细注释。这本书还记录了戏剧初演的时间以及萨特书的各种版本细节。这本书还包含了之前从未面世过的 32 篇文章。其还为使用者提供了标题、期刊以及名字三种索引。这本书是对萨特进行研究所必备的工具书。作为补充,该书的作者们还编撰了一本有关萨特研究的原始资料和二手文献的书目:《萨特:参考书目》(*Sartre*:*Bibliography. 1980-1992*[CNRS 1993])。

16. Gary Cox (2008) *The Sartre Dictionary*. London:Continuum

《萨特辞典》(*The Sartre Dictionary*)。这本书以辞典的结构,列出了和萨特研究有关的术语、概念、作品以及人物。

17. Wilfrid Desan (1965) *The Marxism of Jean-Paul Sartre*. New York:Doubleday

《让-保罗·萨特的马克思主义》(*The Marxism of Jean-Paul Sartre*)。这本书试图阐明萨特是否提供了一种马克思主义哲学,如果是的话,那么我们面对的是一种什么类型的马克思主义呢? 本书的研究对象是《辩证理性批判》,并兼顾了萨特的其他一些政治作品,比如《寻求一种方法》。

18. David Detmer (2008) *Sartre Explained. From Bad Faith to Authenticity*. Chicago and LaSalle:Open Court

《解释萨特:从自欺到本真性》(*Sartre Explained From Bad Faith to Authenticity*)。这本导读书采纳了一种有趣的写法。其涵盖了萨特所有的作品,每一章讨论萨特的一本书,给予哲学和文学作品同等的关注。结尾的章节通过讨论萨特的关键概念把这些主题串起来。

19. David Drake (2005) *Sartre*. London:Haus Publishing

《萨特》(*Sartre*)。这本对萨特的简介关注作为政治作家和活动家的萨特。德拉克梳理了萨特政治上的发展并关注了他的各种政治介入。

20. John Gerassi (1989) *Jean-Paul Sartre : Hated Conscience of his Century*. Chicago and London : The University of Chicago Press

《让-保罗·萨特: 他那个世纪被仇恨的良心》(*Jean-Paul Sartre : Hated Conscience of his Century*)。这是萨特的"官方"传记。格拉斯于 1974 年到 1979 年间采访了萨特并得到了使用他的论文的许可。他还采访了萨特的朋友和敌人。通过这样的研究,格拉斯写出了一个伟大的知识分子是如何形成的故事。

21. Ronald Hayman (1986) *Writing Against : A Biography of Sartre*. London : Weidenfeld and Nicolson

《用写作反对: 萨特传记》(*Writing Against : A Biography of Sartre*)。这是第一个用英语写作的描述萨特生平的重要作品。尽管在描述萨特的个人细节方面不如寇恩-萨列里(Cohen-Solal)来得全面,海曼写的传记在细致地描述萨特的每一本主要著作的背景和意义方面却非常著名。海曼还关注了萨特在哲学方面的发展是如何反映在他的政治行动主义(political activism)上的。

22. Christina Howells (ed.) (1992) *The Cambridge Companion to Sartre*. Cambridge : Cambridge University Press

《萨特剑桥指南》(*The Cambridge Companion to Sartre*)。在这本论文集中,学者们讨论了从萨特早期存在主义现象学到晚期所发展的政治思想中最重要的一些问题。另外,附录关于黑格尔和萨特的关系的讨论阐明了《存在与虚无》中所体现的黑格尔主义。

23. Francis Jeanson (1980) *Sartre and the Problem of Morality*. Bloomington : Indiana University Press (translation of *Le Problème moral et la pensée de Sartre* (suivi *D'Un quidam nommé Sartre*). Lettre-préface de Jean-Paul Sartre. Paris : Seuil,1965)

《萨特和道德的问题》(*Sartre and the Problem of Morality*)。这

本令人印象深刻的著作仔细地探讨了在萨特的存在主义作品(比如《恶心》和《存在与虚无》)中所呈现出来的道德问题。在为这本书所作的序言中,萨特对作者不但能够理解和阐释他的伦理思考,而且能够进一步思考到萨特自己所未及的地步而大加赞赏。

24. R. D. Laing and D. G. Cooper (1964) *Reason and Violence. A Decade of Sartre's Philosophy 1950-1960*. New York: Pantheon Books

《理性和暴力: 萨特哲学的十年 1950—1960》(*Reason and Violence. A Decade of Sartre's Philosophy 1950-1960*)。本书是对晚期萨特哲学的介绍。因此其聚焦于《圣徒热内》《寻求一种方法》以及《辩证理性批判》等作品,并阐明了萨特政治上的转变。

25. F. H. Lapointe and C. Lapointe (1981). *Jean-Paul Sartre and his Critics. An International Bibliography* (*1938-80*). Bowling Green (Ohio): Philosophy Documentation Center, Bowling Green State University

《萨特和他的批判者们: 一种国际主义传记》(*Jean-Paul Sartre and his Critics. An International Bibliography*(*1938-80*))。本书是非常好的研究工具,因为其集结了从 1938 年到 1980 年间所有重要的关于萨特的出版物。如果要研究 1980 年后的萨特,最好参考康塔特和李巴尔卡的书,以及《国际萨特研究》(*Sartre Studies International*)这一期刊。

26. Bernard-Henri Lévy (2003) *Sartre: The Philosopher of the Twentieth Century*. Cambridge: Polity Press. Translation of *Le Siècle de Sartre* published by Grasset in 2000

《萨特: 二十世纪的哲学家》/《萨特的世纪》(*Sartre: The Philosopher of the Twentieth Century*)。伯纳德-亨利·列维的书的副标题是"哲学研究"(Philosophical Investigation)。在这本目标宏大的书中,他探讨了萨特哲学上的好恶以及他的生涯是怎么通过他的各种政治立场得到发展的。列维成功地展示了作为一个"总体"知识分子并对他的世纪有深远影响的萨特。

27. Thomas Martin (2002) *Oppression and the Human Condition. An Introduction to Sartrean Existentialism*. Lanham：Rowman & Littlefield

　　《压迫和人的状况：对萨特式存在主义的介绍》(*Oppression and the Human Condition. An Introduction to Sartrean Existentialism*)。本书通过压迫这一角度来介绍萨特早期的思想。本书回答了两个问题：早期萨特对压迫的看法是什么以及他的看法对我们有何用处？马丁通过呈现反犹种族主义和性歧视等事例来说明萨特的哲学可以帮助我们理解和反抗诸如此类的压迫。

28. Katherine J. Morris (2008) *Sartre*. Oxford：Blackwell

　　《萨特》(*Sartre*)。这本介绍萨特哲学的书聚焦于关注生活世界和身体的现象学家萨特。因此本书主要讨论萨特的早期写作以及他的方法论，用莫里斯的话来说，即萨特实际上是怎么应用哲学的。她提议应该理解萨特为治愈智性上的偏见提供了一种疗法。

29. Julien S. Murphy (ed.) (1999) *Feminist Interpretations of Jean-Paul Sartre*. University Park (PA)：Pennsylvania State University Press

　　《对让-保罗·萨特的女性主义阐释》(*Feminist Interpretations of Jean-Paul Sartre*)。这本论文集属于"重读经典"这个试图通过女性主义视角来阅读关键思想家的书系。在这本书中，学者们试图揭示萨特的思想是可以被用来分析性歧视和压迫，还是其实就属于厌女症和性歧视这一行列的。本书的编撰者试图超越对萨特的流于轻易的批判，指出萨特的思想其实可以被用在女性主义的语境中，因为他是最早从哲学角度思考性别的人之一。

30. François Noudelmann et Gilles Philippe (dir.) (2004) *Dictionnaire Sartre*. Paris：Honoré-Champion

《萨特辞典》(*Dictionnaire Sartre*)。本书对初学者和学者来说都是非常珍贵的工具。这本辞典含有百科全书式的条目,涉及与萨特研究有关的主题、概念、作品和人物。这些条目不仅仅是严格的辞典定义,它们除了给出定义外还含有深度的分析。这些条目由一群非常出色的萨特学者所著,是萨特研究的必读书目。

31. Benedict O'Donohoe (2005) *Sartre's Theatre: Acts for Life*. Bern: Peter Lang

《萨特的戏剧:为人生而行动》(*Sartre's Theatre: Acts for Life*)。本书是用英语写成的对萨特戏剧最全面的研究。本书分析了萨特的每一部戏剧,并提供了每一部戏剧的背景以及其接受情况。作者在简介这一章节中提供了自己对萨特戏剧的理解并把萨特的戏剧和他的哲学思想联系起来。对萨特的戏剧感兴趣的读者,还有像我这样的想用萨特的戏剧来阐明他的哲学概念的人,都应该读这本书。

32. Alistair Rolls and Elizabeth Rechniewski (eds.) (2005) *Sartre's Nausea. Text,Context, Intertext*. Amsterdam: Rodopi

《萨特的〈恶心〉:文本、背景、互文文本》(*Sartre's Nausea. Text, Context, Intertext*)。这本集子的论文来源于一次有关萨特的小说《恶心》的会议。这些文章分析了小说中的一些主题,比如艺术和启迪、他人的角色、作为症状的主题、有意义的存在以及偶然性。

33. Peter Royle (1982) *The Sartre-Camus Controversy. A Literary and Philosophical Critique*. Ottawa: University of Ottawa Press

《萨特—加缪争议:一种文学和哲学批判》(*The Sartre-Camus Controversy.A Literary and Philosophical Critique*)。在这篇论著中,罗伊尔探讨了加缪和萨特的文学作品中(比如《恶心》、《墙》、《局外人》以及《鼠疫》)所表现出来的不同。罗伊尔以导致萨特和加缪决裂的《反抗者》开始他的分析,而最后罗伊尔展示了其实两人的哲学分歧早已存在。

34. Ronald E. Santoni (2003) *Sartre on Violence. Curiously Ambivalent*. University Park（PA）: Penn State University Press

《萨特谈暴力:奇异的矛盾》(*Sartre on Violence. Curiously Ambivalent*)。在这本书中,桑东尼为萨特的许多作品中都出现的暴力这一概念提供了深度的分析。本书由两部分组成,第一部分关注于萨特在《存在与虚无》以及后期的《辩证理性批判》中所呈现的关于暴力的看法。第二部分审视了加缪和萨特关于暴力的必要性和局限的争论。本书展示了暴力的问题对萨特来说是很重要的而且是不得不面对的。

35. *Sartre Studies International. An Interdisciplinary Journal of Existentialism and Contemporary Culture*

《国际萨特研究:存在主义和当代文化的跨学科期刊》。自1995年起,北美萨特协会和英国萨特研究协会每年会出版两期。这一同行审阅期刊发表了有关萨特作品各个方面的学术文章。期刊还提供了书评和通讯栏,会追踪所有和萨特有关的活动、会议、展览以及出版物。

36. Paul Arthur Schilpp (ed.) (1981) *The Philosophy of Jean-Paul Sartre*. LaSalle（Illinois）: Open Court, The Library of Living Philosophers, Vol. XVI

《让-保罗·萨特的哲学》(*The Philosophy of Jean-Paul Sartre*)。又一本非常重要的论文集,论文的贡献者除了著名的萨特学者外还有哲学家保罗·利科。和别的论文集不同的是,本书开头有一篇于1975年5月由李巴尔卡等人所进行的和萨特的访谈。本书末尾还有李巴尔卡准备的一份参考书目。

37. Hugh J. Silverman and Frederick A. Elliston (eds.) (1980) *Jean-Paul Sartre. Contemporary Approaches to his Philosophy*. Pittsburgh：Duquesne University Press

《让-保罗·萨特：通往他的哲学的当代路径》（*Jean-Paul Sartre. Contemporary Approaches to his Philosophy*）。这本论文集呈现了对萨特哲学的重要主题和问题的学术分析。第一部分涉及比如现象学还原、自欺、身体以及自由等存在主义—现象学主题。第二部分涉及诸如自我、想象、艺术的意义以及历史等哲学问题，而第三部分把萨特与其他的哲学家比如胡塞尔、海德格尔、马克思以及梅洛-庞蒂进行了比较。因此本书涉及了萨特研究中的很多基本和关键问题。

38. Philip Thody and Howard Read (1998) *Introducing Sartre*. Cambridge：Icon Books

《介绍萨特》（*Introducing Sartre*）。又一本简介性的论著，采用了一种不同的写法。每一个主题都在两页的篇幅内被探讨，除了一小段文字外还有卡通绘画来帮助解释被讨论的主题。本书涵盖了萨特哲学的概要以及他的重要出版物。

39. Craig Vasey (ed.) (2009) *The Last Chance：Roads of Freedom Volume Ⅳ*. Edited and translated by Craig Vasey. London：Continuum Press

《最后的机会：〈自由之路（第四卷）〉》（*The Last Chance：Roads of Freedom Volume Ⅳ*）。萨特的三部曲《自由之路》其实并不是三部曲而是四部曲！萨特已经开始写作第四卷的草稿，在这一卷中布吕内和马修在一个战囚营中再次相遇。虽然这份手稿已经收入了法文原版的萨特的《小说全集》，这是英语读者第一次可以接触到这一文本。本书还伴有编撰者的评注以及和第四卷有关的文档。

参考文献

Anderson,Thomas C. *The Foundation and Structure of Sartrean Ethics*. Lawrence:The Regents Press of Kansas,1979.

—— *Sartre's Two Ethics: From Authenticity to Integral Humanity*. Chicago and LaSalle: Open Court,1993.

Barnes,Hazel. "Translator's Introduction" in Sartre,Jean-Paul. *Being and Nothingness*. New York: Washington Square Press,1992,pp. ix-lii.

De Beauvoir, Simone. *The Ethics of Ambiguity*. Trans. Bernard Frechtman,New York: Citadel Press,1976.

—— *Force of Circumstance*. Trans. Richard Howard,London: Readers Union,1966.

—— *Philosophical Writings*. Edited by Margaret A. Simons,Urbana and Chicago: University of Illinois Press,2004.

—— *The Prime of Life*. Trans. Peter Green,Harmondsworth: Penguin

Books,1962.

—— *The Second Sex*. Trans. H. M. Parshley. New York: Vintage,1989.

Boulé, Jean-Pierre. Sartre, *Self-Formation and Masculinities*. New York and Oxford: Berghahn Books,2005.

—— " Sartrean Structuralism?" in Howells, Christina (ed.). *The Cambridge Companion to Sartre*. Cambridge: Cambridge University Press,1992,pp.293-317.

Catalano, Joseph S. *A Commentary on Jean-Paul Sartre's* Critique of Dialectical Reason,*volume 1,Theory of Practical Ensembles*. Chicago and London: The University of Chicago Press,1986.

Caws,Peter. *Sartre*. London: Routledge,1979.

Cohen-Solal,Annie. *Jean-Paul Sartre: A Life*. New York: New Press,2005.

Daigle, Christine and Jacob Golomb (eds.). *Beauvoir and Sartre: The Riddle of Influence*. Bloomington: Indiana University Press,2009.

Drake,David. *Sartre*. London: Haus Publishing,2005.

Flynn,Thomas R. "L' Imagination au pouvoir: The Evolution of Sartre's Political and Social Thought," *Political Theory*,vol.7,May 1979,pp.157-80.

Foucault,Michel. *Dits et écrits,volume 1*,Paris: Gallimard,2001.

Gerassi, John. *Jean-Paul Sartre: Hated Conscience of His Century*. Chicago: University of Chicago Press,1989.

Grene,Marjorie. "Authenticity: an Existential Virtue," *Ethics*,62,4,1951/52,pp. 266-74.

Howells,Christina. "Conclusion: Sartre and the Deconstruction of the Subject" in Howells,Christina (ed.). *The Cambridge Companion to Sartre*. Cambridge：Cambridge University Press,1992,pp. 318-52.

Kruks,Sonia. "Simone de Beauvoir: Teaching Sartre About Freedom" in Ron Aronson and Adrian van den Hoven (eds.), *Sartre Alive*, Detroit: Wayne State University Press,1991.

Lévy,Bernard-Henri. Sartre: *The Philosopher of the Twentieth Century*. Cambridge：Polity Press,2003.

McBride,William. "The Sartre Centenary: Why Sartre Now?" in L. Embree and T. Nenon (eds.) *Phenomenology 2005,Vol. Ⅳ,Selected Essays from North America*. Bucharest：Zeta Books,2007.

Martin,Thomas. *Oppression and the Human Condition. An Introduction to Sartrean Existentialism*. Lanham：Rowman & Littlefield,2002.

Merleau-Ponty, Maurice. *Phenomenology of Perception*. Trans. Colin Smith. London：Routledge,1962.

Murphy,Julien S. "Introduction" in Murphy,Julien S. (ed.). *Feminist Interpretations of Jean-Paul Sartre*. University Park (PA)；Pennsylvania State University Press,1999,pp.1-21.

Noudelmann,François et Gilles Philippe (dir.). *Dictionnaire Sartre*. Paris：Honoré-Champion,2004.

Olafson, Frederick A. "Jean-Paul Sartre" in Edwards, Paul (ed.). *The Encyclopedia of Philosophy*. Vol. 7. New York：The MacMillan Co. & The Free Press,1967,pp. 287-93.

Rybalka,Michel, Oreste Pucciani, and Susan Gruenheck, "An Interview with Jean-Paul Sartre (May 12 and May 19,1975),P.A. Schilpp (ed.) *The Philosophy of Jean-Paul Sartre* . LaSalle(Illinois)：Open Court,1981.

Santoni,Ronald E. *Sartre on Violence: Curiously Ambivalent.* University Park (Pennsylvania): Penn State University Press,2003.

Sartre,Jean-Paul. "Childhood of a Leader," *The Wall (Intimacy) and Other Stories.* Trans. Lloyd Alexander. New York: New Directions,1975.

—— *Literary and Philosophical Essays.* Trans. Annette Michelson,New York: Collier Books,1967.

——"Le Réformisme et les fétiches," *Situations VII*, Paris: Gallimard, [1956]1965.

—— "La République du silence" (9 septembre 1944), *Situations III*, Paris:Gallimard,1949.

—— *Théâtre complet*,Paris,Gallimard,La Pléiade,2005.

—— *La Transcendance de l'Ego et autres textes phénoménologiques.* Textes introduits et annotés par Vincent de Coorebyter. Paris: Vrin,2003.

Sartre,Jean-Paul et Michel Sicard. "Entretien. L'écriture et la publication." *Obliques.* Numéro special 18-19,1979,pp.9-29.

Simont, Juliette. "Sartrean Ethics" in Howells, Christina (ed.). *The Cambridge Companion to Sartre.* Cambridge: Cambridge University Press,1992,pp.178-210.

"Sartre, Jean-Paul" (Sartre's intervention in the debate) *Que peut la littérature?* présentation par Yves Buin,Paris: Union Générale d'éditions, coll. L'Inédit 10/18,1965,pp.107-27.

Young,Robert C. "Preface to *The Wretched of the Earth*" in Sartre, *Colonialism and neocolonialism.* New York: Routledge,2006,pp.153-174.

索 引

让-保罗·萨特思想源流简图

傅俊宁 绘

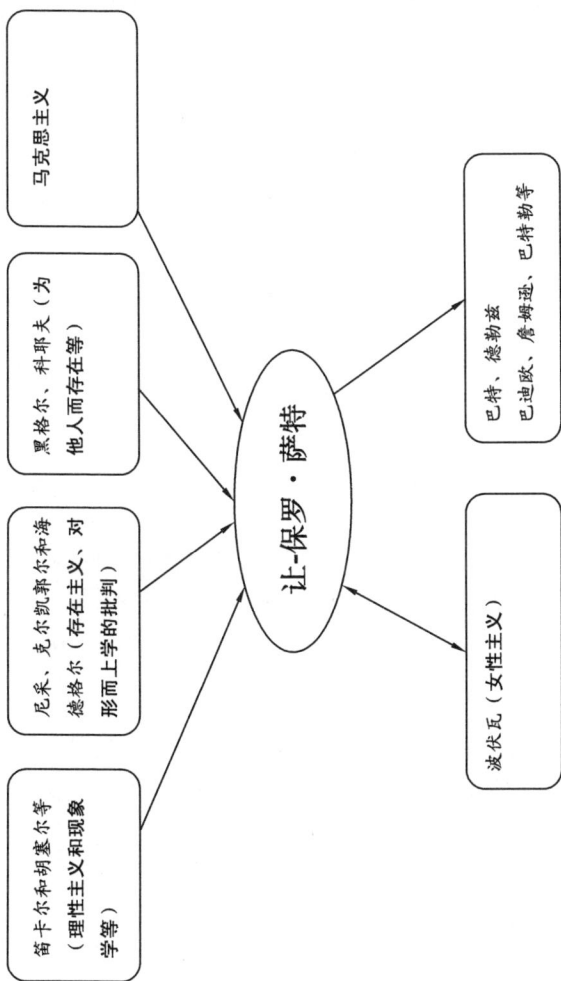

图书在版编目(CIP)数据

导读萨特/(加)达伊格尔(Daigle，C.)著;傅俊
宁译.—重庆:重庆大学出版社,2015.9(2024.5 重印)
(思想家和思想导读丛书)
书名原文:Jean-Paul Sartre
ISBN 978-7-5624-9335-8

Ⅰ.①导… Ⅱ.①达…②傅… Ⅲ.①萨特,J.P.
(1905~1980)—思想评论 Ⅳ.①B565.53

中国版本图书馆 CIP 数据核字(2015)第 160321 号

导读萨特
克里斯汀·达伊格尔 著
傅俊宁 译
责任编辑:邹 荣 版式设计:邹 荣
责任校对:秦巴达 责任印制:张 策

*

重庆大学出版社出版发行
出版人:陈晓阳
社址:重庆市沙坪坝区大学城西路 21 号
邮编:401331
电话:(023)88617190 88617185(中小学)
传真:(023)88617186 88617166
网址:http://www.cqup.com.cn
邮箱:fxk@cqup.com.cn(营销中心)
全国新华书店经销
重庆市正前方彩色印刷有限公司印刷

*

开本:890mm×1168mm 1/32 印张:7.125 字数:166 千 插页:32 开 2 页
2015 年 9 月第 1 版 2024 年 5 月第 6 次印刷
ISBN 978-7-5624-9335-8 定价:32.00 元